收入质量 INCOME
对丝绸之路沿线省份农户贷款行为影响研究
LOAN TRANSACTION

邓锴 / 著

中国财经出版传媒集团

经济科学出版社

Economic Science Press

图书在版编目（CIP）数据

收入质量对丝绸之路沿线省份农户贷款行为影响研究/邓锴著. —北京：经济科学出版社，2018.4
ISBN 978-7-5141-7511-0

Ⅰ. ①收… Ⅱ. ①邓… Ⅲ. ①农民收入-影响-农业贷款-研究-中国 Ⅳ. ①F832.43

中国版本图书馆 CIP 数据核字（2016）第 281157 号

责任编辑：杜　鹏　赵　芳
责任校对：刘　昕
版式设计：齐　杰
责任印制：邱　天

收入质量对丝绸之路沿线省份农户贷款行为影响研究
邓　锴/著
经济科学出版社出版、发行　新华书店经销
社址：北京市海淀区阜成路甲 28 号　邮编：100142
总编部电话：010-88191217　发行部电话：010-88191522
网址：www.esp.com.cn
电子邮箱：esp_bj@163.com
天猫网店：经济科学出版社旗舰店
网址：http://jjkxcbs.tmall.com
固安华明印业有限公司印装
710×1000　16 开　11 印张　230000 字
2018 年 4 月第 1 版　2018 年 4 月第 1 次印刷
ISBN 978-7-5141-7511-0　定价：49.00 元
（图书出现印装问题，本社负责调换。电话：010-88191510）
（版权所有　侵权必究　打击盗版　举报热线：010-88191661
QQ：2242791300　营销中心电话：010-88191537
电子邮箱：dbts@esp.com.cn）

本书为陕西省社会科学基金"陕西省农户收入质量、违约风险与农村正规信贷约束联动影响研究"（2016D015）、国家自然科学基金"金融行为中介作用下农民金融素养对收入质量的影响机制及提升策略研究"（71773094）的阶段性研究成果

前　言

　　促进农户增收是破解"三农"问题的基础。2004年以来的中央一号文件都将促进农户增收作为重要内容和要求，强调相关部门及各级政府努力提高农户收入。在已经出台的众多关于提高农户收入的措施中，准确把握影响农户贷款的因素，制定更加具有针对性的贷款政策，是最有效的途径之一。相关研究表明，农户收入是影响其贷款行为的重要因素。然而，已有研究大多关注农户收入数量对其贷款行为的影响，关于农户收入的充足性、稳定性、结构性、成本性、知识性等内生因素如何影响农户贷款行为的相关研究较少。金融组织出台的信贷政策和信贷产品缺乏区域差异性，导致信贷政策和信贷产品难以适应丝绸之路沿线省份的农村金融环境及农户贷款行为，进而导致农户的贷款需求无法得到满足，降低了金融（包括政策性金融）对农户创业及收入增长支持效应。因此，从收入质量为研究视角，研究农户贷款行为及其影响因素，显得尤为必要。

　　在借鉴已有研究成果基础上，本书从"收入质量—贷款行为—农户增收"良性循环视角，探讨收入质量对丝绸之路沿线省份农户贷款行为的影响。研究内容由以下四部分构成。

　　第一部分为研究基础由第1、第2章组成。包括研究背景、研究目的、研究意义、研究框架、相关理论及文献回顾等，本部分主要是设计本书研究方案。第二部分为丝绸之路沿线省份农户收入质量及贷款行为基本特征，由第3章组成。根据第一部分研究结论及研究方案，本部分主要讨论问卷设计及结构，在陕西、山西等丝绸之路沿线省份开展专项调研情况，以及对陕西、河南等丝绸之路沿线省份开展的实地调研（784个样本）结果进行分析，归纳、提炼丝绸之路沿线省份农户在收入质量及贷款行为方面的基本规律与特征。第三部分为实证研究，由第4、5、6三章组成。以第二部分研究结论为基础上，本部分以收入质量为切入点，应用影响机理分析、交叉统计分析、方差分析、计量分析等方法（分别采用二元Logit模型、多元Logit模型以及Tobit模型），探究收入质量对于丝绸之路沿线省份农户贷款行为的影响机理，分析影响丝绸之路沿线省份农户贷款行为的主要因素。主要包括三方面：一是收入质量对丝绸之路沿线省份农户贷款行为起始阶段的影响研究，分析收入质量如何影响丝绸之路沿线省份农户贷款需求（第4章）；二是收入质量对丝绸之路沿线省份农户贷款行为决策阶段的影响研究，分析收入质量如何影响丝绸之路沿线省份农户贷款用途及贷款渠道的选择（第5章）；三是收入质量对丝绸之路沿线省份农户贷款行为实施阶段的影响研究，分析收入质量如何影响丝绸之路沿线省份农户贷款可获得性及还款期限（第6章）。第四部分为结论与建议，由第7章组成。在总结本书主要研究成果的基础上，凝练本书研究结论。同时，围绕研究过程中发现的问题，从促进农村金融带动农户收入质量提高视角，提出政策与建议。

通过研究，本书得出以下主要结论。

（1）在我国丝绸之路沿线省份地区，农户的收入质量对其贷款行为的各个阶段均存在显著影响。收入质量不高的农户大多具有贷款需求，贷款用途为非生产型，倾向通过非正规贷款渠道获得贷款，贷款可获得性较低，还款期限较短。收入质量较高的农户具有贷款需求的比例较小，贷款用途为投资型、生产型的农户占一定比例，倾向通过正规贷款渠道获得贷款，贷款可获得性较高，还款期限较长。

（2）当前丝绸之路沿线省份农户收入数量与收入质量间严重失调。近年来农户收入数量显著提高，但同时存在着人力资本存量不足、抵御风险能力低、劳动强度过大等突出问题。表明我国丝绸之路沿线省份的农户收入质量依然不高，总体上处于生存型而非积累型、投资发展型阶段。

（3）近一半的丝绸之路沿线省份农户具有贷款需求，而且投资型、生产型贷款需求也占到一定比例。这表明，我国丝绸之路沿线省份传统的农业组织方式正逐渐打破，新型农业生产经营体系逐渐建立。

（4）丝绸之路沿线省份农户贷款供给型约束普遍存在。农户贷款主要源自正规渠道和非正规渠道两种。虽然两种渠道的贷款可获得性存在较大差异，但非正规渠道的贷款可获得性远远大于正规贷款渠道。而且，丝绸之路沿线省份存在较为明显的金融抑制和广泛的贷款约束，大量农户贷款需求不能得到满足。

作者

2018 年 2 月

目 录

第 1 章 导论 ·· 1

1.1 研究背景 ·· 1
    1.1.1 理论背景 ··· 1
    1.1.2 现实背景 ··· 3

1.2 研究目的与意义 ··· 5
    1.2.1 研究目的 ··· 5
    1.2.2 研究意义 ··· 5

1.3 国内外研究综述 ··· 6
    1.3.1 国外研究综述 ·· 6
    1.3.2 国内研究综述 ·· 12
    1.3.3 国内外研究评价 ··· 17

1.4 研究内容 ·· 18

1.5 研究思路、研究假设与研究方法 ·· 19
    1.5.1 研究思路 ··· 19
    1.5.2 研究假设 ··· 20
    1.5.3 研究方法 ··· 22

1.6 本书可能的创新之处 ·· 22

第 2 章 相关概念界定及理论基础 ·· 24

2.1 相关概念界定 ·· 24
    2.1.1 农户收入质量 ·· 24
    2.1.2 农户贷款行为 ·· 29

2.2 农户贷款效用模型 ·· 34

2.3 相关理论回顾 ·· 36
　2.3.1 农户收入相关理论 ································ 36
　2.3.2 农村金融相关理论 ································ 39
　2.3.3 农户经济行为相关理论 ···························· 44
　2.3.4 理论启示 ·· 48
2.4 本章小结 ·· 49

第3章 丝绸之路沿线省份农户收入质量与贷款行为特征分析 ·········· 50

3.1 调查问卷设计及数据来源 ······························ 50
　3.1.1 问卷设计 ·· 50
　3.1.2 数据来源 ·· 51
　3.1.3 调查方法 ·· 52
3.2 调研样本基本特征 ···································· 52
3.3 农户收入质量特征 ···································· 55
　3.3.1 收入充足性特征 ·································· 55
　3.3.2 收入稳定性特征 ·································· 56
　3.3.3 收入结构性特征 ·································· 57
　3.3.4 收入成本性特征 ·································· 59
　3.3.5 收入知识性特征 ·································· 61
3.4 农户贷款行为特征 ···································· 62
　3.4.1 贷款需求特征 ···································· 62
　3.4.2 贷款用途特征 ···································· 63
　3.4.3 贷款渠道特征 ···································· 64
　3.4.4 贷款可获得性特征 ································ 65
　3.4.5 还款期限特征 ···································· 65
　3.4.6 贷款行为其他特征 ································ 66
3.5 本章小结 ·· 66

第4章 丝绸之路沿线省份农户收入质量对贷款行为起始阶段的影响分析 ·········· 69

4.1 影响机理分析 ·· 69
　4.1.1 收入质量对农户贷款需求的影响 ···················· 69

4.1.2　非收入因素对农户贷款需求影响 …………………………… 70
4.2　统计分析 ……………………………………………………………… 71
　　4.2.1　收入质量与农户贷款需求的交叉统计分析 ………………… 71
　　4.2.2　非收入因素对农户贷款需求影响 …………………………… 73
4.3　收入质量对农户贷款需求影响的计量分析 ………………………… 74
　　4.3.1　计量模型构建与变量选择 …………………………………… 74
　　4.3.2　模型回归结果 ………………………………………………… 76
　　4.3.3　回归结果讨论 ………………………………………………… 77
4.4　本章小结 ……………………………………………………………… 80

第5章　丝绸之路沿线省份农户收入质量对贷款行为决策阶段的影响分析 ……………………………………………………… 81

5.1　收入质量对农户贷款用途的影响研究 ……………………………… 81
　　5.1.1　影响机理分析 ………………………………………………… 81
　　5.1.2　统计分析 ……………………………………………………… 84
　　5.1.3　收入质量对农户贷款用途影响的计量分析 ………………… 86
5.2　收入质量对农户贷款渠道影响研究 ………………………………… 92
　　5.2.1　影响机理分析 ………………………………………………… 92
　　5.2.2　统计分析 ……………………………………………………… 94
　　5.2.3　收入质量对农户贷款渠道影响的计量分析 ………………… 97
5.3　本章小结 ……………………………………………………………… 101

第6章　丝绸之路沿线省份农户收入质量对贷款行为实施阶段的影响研究 ……………………………………………………… 103

6.1　收入质量对农户贷款可获得性影响 ………………………………… 103
　　6.1.1　影响机理分析 ………………………………………………… 103
　　6.1.2　统计分析 ……………………………………………………… 105
　　6.1.3　方差分析 ……………………………………………………… 108
　　6.1.4　收入质量对农户贷款可获得性影响的计量分析 …………… 110
6.2　收入质量对农户还款期限影响 ……………………………………… 117
　　6.2.1　影响机理分析 ………………………………………………… 117
　　6.2.2　统计分析 ……………………………………………………… 119
　　6.2.3　收入质量对农户还款期限影响的计量分析 ………………… 121

6.3 本章小结 ·· 126

第7章 结论与建议 ·· 128

7.1 研究结论 ·· 128
7.2 政策建议 ·· 131
 7.2.1 将收入质量概念纳入贷款风险评级体系 ············ 131
 7.2.2 加大政策性扶持力度，全面提高丝绸之路沿线省份
    农户收入质量 ·· 132
 7.2.3 重组农村金融组织，整合优势资源，促进农户收入
    质量提高 ·· 133
 7.2.4 推动金融市场主体多元化，为农户收入质量提高创造
    良好外部环境 ·· 135
 7.2.5 改变现有贷款政策，发挥金融对农户收入质量提高的
    带动作用 ·· 136
 7.2.6 激发收入质量较好农户的生产型贷款需求 ············ 138
7.3 研究不足与展望 ······································· 140

附录 ·· 142

参考文献 ·· 151

致谢 ··· 163

第 1 章

导 论

促进农户增收是破解"三农"问题的重要途径。当前,农户收入水平较低、农户增收乏力的问题仍未得到有效解决,成为我国经济持续平稳发展、缩小社会贫富差距的阻碍因素。近年来,国家出台系列惠农金融政策,全国多数地区将为农户提供政策性贷款纳入农村信用社绩效考核范畴,希望通过让农户获得贷款来改善其日常生产经营状况,进而提高其收入水平。由此可见,信贷政策在提高农户收入中发挥的重要作用。但理论研究与实践发展均已表明,农户收入是影响其贷款行为的重要影响因素,农户收入状况对其贷款行为的影响机理也非常复杂。特别值得理论界和金融行业关注的是,农户收入质量是评价农村金融市场发育程度和农村金融市场有效性的重要标志,也是评价我国农村金融体制改革效率和农村金融政策效应的重要指标。基于上述判断,本章主要阐述本书研究背景、目的与意义设计、国内外文献综述与评价,以及本书创新点。

1.1 研究背景

1.1.1 理论背景

1.1.1.1 发展中国家农村金融市场政策效应明显

美国经济学家罗纳德·麦金农和爱德华·肖(1973)在对发展中国家社会制度、公民思想观念以及金融体系进行系统研究后指出,与发达国家相比,发展中国家在基本国情等各个领域都具有自身的特殊性，如金融市场基础薄弱、信用评级随意性强、城乡"二元"经济结构广泛存在等。因此，以发达国家为研究对象的传统金融理论并不能直接指导发展中国家的金融实践。就农户贷款领域而言，忽视客观实际情况，在发展中国家等经济落后地区直接套用西方发达资本主义国家关于农户贷款的理论和政策，具有很大的盲目性和局限性，其实践结果也不尽如人意。自此以后，如何促进发展中国家的金融实践，帮助以农户为代表的低收入群体提高收入逐渐成为学术界的研究热点。经过几十年的理论探索，从资金供给角度研究农户贷款行为，如农户贷款配给、金融机构放贷政策、农村金融市场细分等，已取得众多研究成果（何广文等，2005；孔祥智，2005；李华，2007）。从农户信贷需求角度，对农户贷款行为进行研究，也已成为发展中国家农村金融研究领域的主要内容（林毅夫，2003；刘雪莲，2009；刘西川，2009）。

我国丝绸之路沿线省份是农业发展潜力较大的地区，但也是农民收入较低、农村金融市场发育相对滞后的地区。因此，结合我国丝绸之路沿线省份的实际，对农户贷款行为进行深入研究，对改革和完善农村金融体制，逐步完善和改进以农信社为代表的农村金融服务体系，以及缩小城乡差距、提高农户收入等，具有重要意义。

1.1.1.2 农户贷款行为能够促进其收入增长与福利改进

学术界普遍认为，贷款行为能够改善农户收入水平，从而增加农户福利。国外最早系统研究贷款行为与福利效果之间关系问题的学者是 Schumpeter（1911）。Schumpeter 指出，金融机构的存在及其高效率的工作，是一个国家或地区居民福利增长的前提条件。金融机构依靠高效率的运转，能够比政府更快更早地在众多有可能带来收益的投资项目中遴选出最具有投资价值的项目，并为其注入资金，通过该投资项目的发展来实现金融机构的获益，进而使得该地区人群福利增长。Demetriades 和 Hussein（1986）对 16 个国家和地区的相关数据进行分析后认为，不同的贷款政策对福利增长的影响会有明显差异。金融制度会显著影响金融机构的工作效率，进而影响经济发展及福利增长状况。经济在发展中出现问题时又会反过来促使政策制定者制定出有效的贷款政策。Shan、Morris 和 Sun（2001）对一些经济合作与发展组织成员国以及中国的相关数据研究后发现，社会制度也会影响贷款行为与福利增长之间的相关关系。一些国家的相关数据显示贷款行为与福利增长呈现出互为因果、相互影响的关系。

我国学者对贷款行为与福利增长之间关系进行研究后,也得到与外国同行相同或相似的结论(谈儒勇,1999;韩廷春,2001;周立、王子明,2002;曹啸、吴军,2002;李钊等,2006;范学军,2007)。国内学术界普遍认为,贷款行为能够促进农户收入增长和福利改进,但探寻正确的农村金融发展路径、努力提高农户收入水平,是我国农村经济持续发展的重要保障。

1.1.1.3 农户收入质量与其贷款行为关系研究有待加强

学术界对农户贷款行为的研究视角具有多元化特征。但多数学者都侧重从一个或几个特定影响因素,来解释不同农户对信贷需求所表现出的不同反应(马小勇,2010;马永强,2011)。这充分表明,在现实农村金融环境中,农户信贷需求问题具有特殊性和复杂性。同时,几乎所有的相关研究都表明,农户收入对其贷款行为有重要影响。然而,已有研究大多仅从收入数量角度考察收入对贷款行为的影响,忽视了农户家庭成员的职业变化以及由此带来的收入来源渠道、收入结构、收入稳定程度等收入质量因素对其贷款行为的影响。

基于上述判断,本书以收入质量为研究切入点,挖掘影响农户贷款行为的深层次因素,进一步揭示金融机构惠农贷款业务开展过程中所存在问题及其成因,并提出改进农村金融发展的意见和建议。

1.1.2 现实背景

1.1.2.1 农户收入质量问题凸显

改革开放 30 多年来,伴随着实体经济的快速发展和国家各项扶农、惠农政策的实施,我国农户人均纯收入从 1978 年的 133.60 元提高到 2013 年的 8896.62 元,增长近 67 倍(国家统计局网站)。但在收入数量 30 年飞速增长的同时,农户收入也表现出一些问题。一是农户的收入水平与支出水平同时增长。受物价长期上升以及其他一些客观因素影响,当今农户的支出水平远远大于 20 世纪 80 年代农户。一些农户由于支出水平增速较快,其生活水平的变化并不像收入数量增长那样显著,这种状况在一定程度上削减了农户收入增长的积极性意义。二是收入结构的多样化。改革开放之前的农户务农收入占全部收入的 90% 以上,而随着农业机械化进程的不断深入和城市发展进入快车道,越来越多的农户积极从事非农行业的工作,获得务工收入。特别值得关注的是，农户的务工收入已成为其重要的收入来源渠道，并且在总收入中的比例呈逐年上升趋势。三是收入波动性显著。改革开放前，农户收入主要取决于生产队生产效率，在物价被政府控制的情况下，农户收入几乎没有较大波动。改革开放以来，伴随着市场经济的发展，价值规律逐渐发挥作用。农户收入经历了1978~1985年和2004~2008年两个收入高速增长阶段和1997~2000年增速持续下跌阶段，收入增速的剧烈波动冲击着农户的一些固有观念，对其很多经济行为产生影响（王欣，2013）。四是收入成本性突出。改革开放前，农户除付出劳动外，几乎不产生其他收入获取支出。改革开放以来，随着大型农用机械的推广、化肥的广泛采用以及农作物灌溉、播种、采摘的市场化，加上农户务工成本的产生等一些因素的影响，农户收入获取的成本种类已越来越多，成为理论界研究农户收入新的切入点。五是收入知识性凸显。随着教育的普及和大量农户进城务工，如今的农户在知识和技能储备上远高于改革开放前的农户，农户的人力资本存量显著提升。在我国农业从传统农业向现代农业发展的大环境下，知识储备对农户收入的影响正在逐渐显现。由此可见，在农户收入数量持续增长的同时，其收入的质量属性已日益突出。

1.1.2.2 农村金融对丝绸之路沿线省份农村发展的支持效率有待改进

金融深化与发展对改变落后地区面貌的作用，已得到广泛认可。在中华人民共和国成立初期，我国涉农贷款业务一经开设，便受到政府的高度重视（王芳，2012）。几十年来，政府不断改革农村金融体制、调整农村金融政策，对农村金融的发展提出重大部署，努力寻找农村金融与农村发展、农民增收之间的有效契合点。特别是2003年以来，党的十六届三中全会决定和党的十七届三中全会的决议均要求以"三农问题"为根本出发点，加快发展多层次、广覆盖、可持续的农村金融服务体系。但至今我国涉农金融机构在制度、结构和功能等方面依然存在较为明显的缺陷。农村金融市场对农户的资金扶持力度和扶持效果一直饱受争议，正规贷款覆盖率在地区间分布不平衡、贷款发放"目标偏移"现象严重、农户贷款意愿得不到满足等问题仍客观存在（吕德宏，2007；牛荣，2012）。政府通过金融机构（我国主要是通过农信社）发放贷款补贴来直接干预和影响农村金融秩序，虽然投入很大，但收效甚微，广大农村地区尤其是丝绸之路沿线省份金融发展滞后的状况没有根本改变，很多农户仍然面临资金短缺的问题。农户长期面临生产、生活信贷抑制，导致技术更新步伐减缓，生产效率持续降低，城乡差距不断拉大，以及社会矛盾激化等负面效应。

1.2 研究目的与意义

1.2.1 研究目的

本书以丝绸之路沿线省份农户为研究对象,借鉴经济学、金融学、管理学、行为学理论,从农户收入质量视角,采用规范分析与实证分析相结合的研究方法,研究丝绸之路沿线省份农户收入质量与其贷款行为关系,以期达到以下主要目的。

(1) 以实地调研数据为基础,对丝绸之路沿线省份784份样本数据进行分析,以揭示农户贷款行为的主要特征。依据这些特征,从引导农村金融机构合理判断农户贷款行为、信用水平和贷款风险视角,在创新金融产品和服务方面提出具有针对性的建议。

(2) 运用二元Logistic模型、Tobit模型等计量方法,分析农户收入质量对其贷款意愿、贷款用途、贷款决策、贷款渠道以及贷款可获得性的影响,为将农户收入质量引入农村金融机构贷款业务管理,提供理论支持。

(3) 从收入质量视角,提出解决农户贷款难问题的政策建议。以丝绸之路沿线省份农户收入质量与其贷款行为关系研究成果为基础,对现行农村金融政策进行分析,寻找其未能有效带动农户增加收入的原因。从金融供给和需求两个层面,探讨深化农村金融体系改革的路径,探寻推进农村金融管理创新,提高农户收入质量的路径和对策。

1.2.2 研究意义

1.2.2.1 理论意义

学术界研究表明,农户收入对其贷款行为具有显著影响。然而,已有研究主要从农户收入数量作为研究切入点,对农户收入质量与其贷款行为的机理关注不够。本书从农户收入质量概念界定入手,将农户收入质量引入农户贷款行为分析框架,有利于消除广泛存在的为增长而增长、只有数量增长缺乏质量改进的低层次增长模式对研究农村金融问题的干扰，可拓展和丰富农户贷款行为研究范围。

1.2.2.2 现实意义

随着城镇化进程的深入，农户的收入来源较之传统上已有很大不同。本书在前人研究的基础上，以农户收入质量为切入点，通过充足性、稳定性、结构性、成本性、知识性五个维度对农户收入进行细分，力求探索解决以往研究中将收入数量的外生化缺陷。同时，将二阶段模型引入农户贷款行为分析框架，丰富了相关文献。同时，本书采用计量模型，分析丝绸之路沿线省份农户收入质量对其贷款行为的影响机理，有利于探寻破解农村金融发展瓶颈的有效路径，探索推动金融资源和社会资本向"三农"倾斜的模式。

1.3 国内外研究综述

农户收入、农户贷款行为以及农户贷款可获得性，都是影响我国农村金融市场有效性的重要因素，其中的关联关系也是探索深化农村金融体制改革的重大课题。为保证研究路径的正确性和研究成果的有效性，有必要对理论界关于农户收入和农户贷款行为领域的主要文献进行梳理。

1.3.1 国外研究综述

1.3.1.1 农户收入研究综述

国外关于农户收入问题的研究主要集中于农户收入提高路径领域，主要观点有提高农户收入获取效率、政府适当干预以及扩大市场需求三种。相关内容散见于各种经济流派的不同经济学说，如古典政治经济学派、凯恩斯主义、新古典综合学派、新剑桥学派、理性预期学派、货币学派、新经济学派、理性预期学派等，都直接或间接地对农户收入问题进行过阐释，得出了一些重要结论。虽然国情不同，但对于研究我国农户的增收问题仍然具有一定指导意义。

（1）提高农户收入获取效率方面。西方学者认为，当不同地区的投资回报率存在明显差异，且差距达到足以弥补人口从投资回报率较低的地区迁徙到投资回报率较高的地区所产生的迁徙成本时，大量的人口迁移会产生。投资回报率较高的地区往往具有更多的就业机会、更好的发展前景以及更便捷的交通和医疗设施，这些都是吸引人迁徙的因素。人的迁徙成本包括物质成本、精神成本和心理成本等。出于理性人假设，行为人会衡量成本和收益间的平衡效果，做出理性的决策。这种理论可以解释我国农民工广泛存在的现象，以及农户收入构成发生变化的原因。落后地区在经济发展时应有所侧重，不能搞全面发展。具体的发展步骤是，先重点发展劳动密集型产业，扩大对外出口额，增加地区的资本存量，进而推动地区投资规模，提高该地区居民收入水平。该理论虽然为贫困落后地区的发展指明了路径，却并未说明促进劳动密集型产业发展的原始积累该如何完成。还有学者指出，不平衡增长是经济发展的常态，之所以出现各地的贫富差距，是由于各地的资源禀赋不同。资源集中的地区经济发展较快，资源相对贫乏的地区经济发展较慢。因此，要达到各地区经济总量相当，缩小地区间的贫富差距，首先应刻意地进行地区间的不均衡发展。具体来说，应先集中各地区的资金，集中在落后地区进行劳动密集型产业的发展，吸收当地农村富余劳动力。等落后地区经济发展成熟后，带动周边地区相关产业发展。从中可以看出，不平衡增长理论提倡工业等主导部门优先发展，进而反哺其他部门，从而最终实现平衡增长。对我国当前工业反哺农业，进而促进农户收入水平提高，实现共同富裕具有借鉴意义。

（2）政府适当干预农业生产及交换方面。一些学者认为，出于对农业在国民经济中基础性和农产品对社会稳定特殊性的考虑，政府应在农业生产的过程中适当加以干预。但干预度的不同会对农业发展产生显著影响。一些政府认为，农业对国民收入的贡献较少，因而对农业生产管理投入的精力也较少，将农业生产完全交由"市场"这只看不见的手来管理，其结果是农产品价格剧烈波动，城市居民和农户的利益均受到损失；但如果政府过分关注农业生产，会导致农业生产行为僵化，也不利于农业发展。因此，政府对农业的干预度应如何把握，值得各国政府思考。具体的干预方法主要有价格保护和减小农作物种植面积。Milton·Freedman（1970）认为，政府应对农产品进行价格保护，以保障农户收入。价格保护是指国家强行规定关于某一种供大于求的农产品的市场交易价格，该价格一般要高于农产品的市场均衡价格，等同或接近农户的心理预期价格。价格保护政策的出台，在保护了农户务农积极性的同时，势必使得农产品市场无法出清，有相当数量的农产品无法进行正常的市场交易，即出现了剩余额。最终这些剩余额也会被国家收购，用于贮存等其他方面。我国政府也常常采用价格保护的方式,如规定对农产品的保护价收购等,来保障农户的经济利益。一些学者认为,在一些消除饥饿的地区,农作物生产规模应减小。国家应采取措施减小农业的土地供应量,从而减少农作物产量,以达到稳定农产品价格、保障农户收入的目的。随着各种农用生产技术的发明和普及,世界范围内的农业生产效率在最近 50 年有了大幅度增长,很多国家在非常短的时间内就从粮食短缺转变为粮食过剩。因此,减小农业土地供给量、降低农作物生产规模以及保障农产品市场价格就显得尤为必要。其弟子对这种观点进行了解释,强调这种做法看似与价格保护的方法相抵触,因为价格保障是出于保障农作物生产规模的动机,保障农户收入水平只是保障农作物生产规模的手段。而农作物生产规模的减小则与价格保护的初衷相违背,实则不然。两种做法的主要目标之一,都是保障农户务农收益。农作物生产规模的减小是政府的主动行为,是在保障国家粮食生产安全的前提下,为限制农产品价格过度波动、保障农户务农收益所采取的行为。如果不实行价格保护政策,农作物种植面积也会减小,但其减小程度则很难估算,在一定程度上会冲击国家的粮食安全。就我国而言,近年来全国大范围开展的城市化进程,从一个侧面讲也可以理解为是国家主动减少农业用地规模。

(3)扩大市场需求方面。一些学者指出,应通过增加农作物消耗量的方法,来提升和保障农户收入。农产品属于需求弹性较低的商品,因此提高其市场需求往往通过扩大市场规模和转变消费方式的途径实现。扩大市场规模是指农产品的出口,目前以美国为代表,积极制定相关出口政策,每年将国内消耗不了的农产品大量出口,保障本国农户利益;转变消费方式主要是将农产品用于新兴领域,如玉米在传统上主要是用来食用,而随着科技的进步,巴西等国将过剩的玉米作为原材料,进行汽油提炼,用于汽车消耗,也保障了本国农户收入的稳定。

1.3.1.2 农户贷款行为研究综述

贷款行为大面积发生是商品经济发展到一定阶段才出现的现象。虽然据史籍记载,我国早在殷商时期就出现过贷款行为。但古代中国长期以自然经济为生产基础,贷款行为覆盖面较小。而国外尤其是西欧诸国由于地理环境等原因,很早就进入了商品经济,贷款行为广泛存在于社会各个阶层。学术界对于贷款行为的研究也开展较早,得出了很多极具参考价值的观点和结论。以下结合本书研究内容,对国外农户贷款行为研究方面的观点进行梳理。

(1) 农户贷款需求方面。有些学者指出，由于城乡经济发展的不平衡，生活在农村地区的农户大量存在贷款意愿，希望通过获得贷款来改善自身的经济状况，尽力缩小与城市居民由于资金量的不同所带来的生活差异，根据相关数据估算，存在贷款意愿的农户占农户总人数的50%~60%左右，但这些贷款意愿并不能全部转变为贷款需求。20世纪60年代后，很多学者运用计量模型和实际调研相结合的方法探究农户贷款需求影响因素。Long（1968）运用微观经济学模型，在假设生产机会等外部条件不变的情况下，认为实现收益最大化是农户最主要的贷款动机。Stieglitz（1981）运用联立方程，发现农户的经济水平是影响其贷款需求的主要因素。Iqbal（1981，1983）运用计量经济模型，发现在生产技术更新换代快的地区，农户的贷款意愿普遍较高；当农户获得贷款后，会使得农户当期的预算约束线外移，消费水平和投资水平较之未获得贷款时均有所提升；随着投资行为的持续开展，其收入和消费水平均会呈现稳步增长态势。Wenner（2003）从制度经济学的角度进行研究，发现农村金融政策与农户贷款需求之间具有很强的联动性。一些学者认为，农户的年龄、性别以及受教育程度对其贷款需求影响显著，男性的农户和受教育程度较高的农户更容易具有贷款需求。年龄对于贷款需求呈现倒"U"型影响。年龄较低和年龄较高的农户均不易产生贷款需求，年龄在30~55岁之间的农户是产生贷款需求的主体人群。Barham（1990）研究发现，金融机构的工作效率会影响农户贷款需求的产生；在贷款业务宣传力度大的地区，农户产生贷款需求的可能性较大；农户与金融机构之间距离的远近也会影响其贷款需求，居住地附近金融机构数量较多，或距离金融机构路程较近的农户，容易产生贷款需求。利率水平较低、放款及时、担保要求简单、还款期限灵活的贷款更容易受到农户的青睐（Ghate，1980）。学者们以中亚地区农户的贷款行为为对象的研究结果也表明，由于贷款手续的烦琐、放款周期过长、当地市场环境恶劣、没有良好的投资项目、基础设施建设的不足等原因，导致农户不产生贷款需求。

（2）农户贷款渠道方面。MacKinnon（1957）通过长期的研究发现，在发展中国家的农村广泛存在着正规融资渠道和非正规融资渠道两种贷款资金来源，不同资产积累以及贷款资金的不同用途对农户选择何种贷款资金渠道具有重要影响。Akram（1976）认为，正规贷款资金渠道主要有国家或私人建立的商业银行、经济合作社、政策性银行、非政府组织设立的扶贫基金会等。非正规贷款资金渠道的表现形式主要有高利贷方式的借贷、亲戚朋友间的资金借贷现象等。农户贷款中的交易费用是影响其选择何种贷款渠道的重要影响因素。

Udry（2003）认为，由于规章制度和社会力量的关注和监督，并且还款压力小于非正规金融市场，因此，正规金融市场的交易成本远低于非正规金融市场。Kochar（1992）对南亚地区农户贷款行为的研究结果表明，那里的农户认为向非正规金融组织贷款，交易费用更少，因此，更倾向于向非正规金融组织贷款，特别是向亲属、朋友贷款，这种类型的贷款不仅交易费用较少，还具有放款及时、利息水平低等特点，为很多农户及时解决了资金困难。Chung（1995）等赞同 Kochar 的观点，认为正规金融组织工作效率低下、服务态度恶劣、交易成本较高。一些学者通过对南美洲发展中国家农户贷款行为研究后提出，正规金融组织的交易成本甚至是非正规金融部门的4倍。虽然一些非正规金融组织的贷款利率会高于正规金融组织，但由于贷款手续简便等优势，降低了农户的贷款交易成本，仍有很多农户愿意选择该种类型的贷款。在非洲南部国家，如马达加斯加等，农户的非生产型贷款需求主要依靠亲朋好友等非正规金融组织来满足。期限短、数额小的贷款往往不收取利息。正规金融组织的贷款利率一般固定不变，即使浮动也被限制在较小范围。而在非正规金融组织中，资金借出方与贷款申请人之间人情关系的远近、贷款人在家乡的口碑、贷款用途以及社会网络都会对贷款利率产生影响，这也是非正规金融组织大量存在的原因之一。

（3）农户贷款用途方面。自20世纪60年代以来，发展中国家农户的借贷用途大致经历了非生产型借贷和生产型借贷两种形态。一些学者认为，不同形态之间的转化主要与农户收入水平和投资机会有关。60年代之前，农户的借贷种类绝大多数以非生产型借贷为主；60年代之后，由于一些发展中国家经济进入快速发展时期，韩国、中国、马来西亚等国家的农户贷款用途逐渐向生产型借贷转化。还有学者认为，由于经济条件方面的限制，当前发展中国家农户对正规融资渠道的资金需求以生产经营性为主，对非正规融资渠道的资金需求以生活消费性为主。John King Fairbank（1992）指出，土地对农户的意义不仅仅是生活、生产所需资金的来源，更是农户内心中的一种寄托，一种"信仰"。因此，Fairbank 认为，农户的主要收入应该来自农业。如果农业收入不够，农户会通过其他非农渠道获取非农收入来补充农业收入。虽然随着时代的发展，农户的非农收入有可能已经超过其农业收入，但在农户的意识里，其非农收入不能替代农业收入。换言之，其获取非农收入的动机只是为了补充其农业收入的不足。在其思想里对自身的财富积累有一个"上限"。美国另一位汉学家 Karl Wittfogel（1997）通过分析中国农户的日常行为，也得出了类似的结论。他指出，农户缺乏企业家创业的"野心"，其贷款需求应主要为非生产型贷款需求。这也是农村金融市场上贷款机构的利润较低的原因之一，进而导致很多金融机构不愿意大力开展农村金融业务。Zeller（1994）认为，农户居住地区的生活水平对其贷款规模有重要影响。并且由于贷款渠道的不同，贷款规模也有所区别。在马达加斯加，农户向正规金融组织申请的贷款额度平均是其向非正规金融组织贷款申请额度的5倍。但也有学者指出，正规金融组织和非正规金融组织由于在信息采集方面工作效率的不同以及日常交往关系的远近，使得农户对于非正规金融组织更加信赖，无论大额还是小额贷款均向非正规金融组织申请，导致正规金融组织与非正规金融组织在贷款额度方面的差距逐渐缩小（Akram，2003）。贷款规模与贷款用途联系紧密，非生产型的贷款规模一般较小，生产型的贷款规模往往较大（Stiglitz，1998）。

（4）农户贷款可获得性方面。Beslye（1994）通过对东南亚地区农村金融市场持续20年的研究发现，相比较其他金融市场，农村金融市场有其独有的特征，如农户贷款抵押物价值较低、农村金融机构不良资产率较高以及政府扶持力度较大等。农户的贷款意愿较强，但真正能够形成贷款需求的意愿较少，借贷市场上大量存在需求型信贷配给。Pischke（1987）认为，经济发展水平越落后的地区，如拉丁美洲地区的偏远农村，非正规融资渠道所发挥的融资作用更加显著，只有相当少的一部分农户可以从正规金融组织获得贷款。信贷约束现象也不同程度的存在，农户申请的贷款数额一般不能得到全部批准。一些学者对农户的不同种类贷款行为进行了效用评估排序，以印度农户的借贷行为为研究对象，发现家庭自有耕地面积、户主受教育程度以及家庭总资产水平对农户从正规渠道获得贷款有正向影响，家庭总收入越少的农户向非正规金融组织申请贷款的可能性越高。Jack Heursula（1982）认为，无论正规融资渠道还是非正规融资渠道，家庭社会关系对于农户的贷款可获得性都具有显著影响，在非正规融资渠道中，资金需求方的人际关系在贷款申请获批方面所起到的作用大于在正规融资渠道中所起的作用。

（5）农户还款期限方面。Aleem（1990）研究发现，非正规金融组织的还款期限一般短于正规金融组织，但前者还款期限的弹性较大，当还款方突然遇到家庭困难等刚性支出时，还款期限延后的现象时有发生。而后者的还款期限极少出现变化。变化即使出现，其相应的申请手续也较为烦琐。一些学者对非洲地区农户的贷款行为研究后认为，由于农业生产既要应对自然气候方面的风险，即农作物的生产风险，又要应对市场经济波动方面的风险，即农作物的销售风险,并且农产品生产周期较长、生产效率低下自身风险性较高,因此,很少有农户能够按时还款。Zeller(1992)通过对拉美国家农户的研究发现,农户还款期限与抵押物价值有关。在当地,土地被认为是最合适的贷款抵押物。但受经济发展状况的制约,能够作为抵押物的土地仅限于地形条件较好、农作物灌溉较容易的耕地,土壤肥力较差的坡地不能作为抵押物向金融机构贷款。由于人口数量较多以及自然环境的恶劣,人均占有耕地较少,因此,以肥沃土地作为抵押担保的农户为尽快收回土地使用权,还款期限一般较短。George Stigler(1972)研究发现,在市场经济规范的地区,信用等级较高的农户很少出现未能按期还款的情况。进一步研究发现,这部分农户普遍认为,信用已经成为一种十分重要的资源,直接关系到行为人的融资能力。为保证自身的信用等级不被下调,一般按时或提前还清贷款。

1.3.2 国内研究综述

1.3.2.1 农户收入研究综述

农户收入问题一直是我国理论界研究的热点问题。由于特殊的城乡管理体制,使得对我国农户收入问题的研究与国外同行相比更具有复杂性。当前,国内关于农户收入问题的研究主要集中于三个方面:一是农户收入的影响因素;二是农户收入水平较低的原因讨论;三是关于提高农户收入途径的研究。

(1)关于农户收入影响因素的讨论。温涛等(2005)运用统计数据对农村金融的发展与农户收入水平之间的关系进行研究后发现,金融发展对农户收入水平的提高并无明显的促进作用。刘玉春(2013)认为,农村金融的发展以及农业生产技术的提高会显著影响农户收入水平。方松海(2011)认为,加大农村地区的教育和基础设施建设,能够显著促进丝绸之路沿线省份农户收入水平的提高。王引和尹志超(2009)研究发现,日常食物摄入量尤其是蛋白质的摄入量与农户收入之间存在相关关系,碳水化合物与脂肪的摄入量与农户收入之间无相关关系。王德祥和李建军(2009)对西南地区农户的收入进行研究后发现,当地新农村建设的力度和基础设施的完备情况对农户收入数量的影响显著,县级政府的财政自给状况对农户收入有显著的正向影响。许庆等(2008)研究发现,土地的细碎化程度对于农户收入水平具有正向影响,有利于农户之间贫富差距的缩小。汪海洋(2014)认为,政府对于扶农、支农资金监管的力度与农户收入水平之间存在正向相关关系。姜长云（2008）研究发现，近20年来农户收入的波动性加大，其收入数量与国家经济发展形势之间的联系日益紧密。

（2）关于农户收入水平较低原因的讨论。林毅夫（1992）认为，我国目前的小农经济是导致农户收入增长缓慢的原因之一。小农经济对生产资料造成极大浪费，不利于统一、协调的市场化运作，这也在很大程度上制约着经济的发展。因此，在农村地区发展规模化经营，借鉴西方的大农场式生产方式，是我国农户增收的正确路径。蔡昉（1996）认为，农户收入长期得不到提升的主要原因是生产要素市场化滞后导致的。因此，应加快我国农村地区土地流转政策的制定和实施，盘活农村地区最重要的生产要素（土地），为农户增收创造良好条件。张为东（1994）提出，农户收入受社会因素影响较小，受自然环境影响较大。农业生产的边际产量不可能在短时间内有较大增长，同时，我国农村普遍存在着小农经济，农户虽是农作物的生产者，但却是农作物市场价格的被动接受者。由于其需求价格缺乏弹性，故从其自然演进来说，农户收入只能缓慢增长。林光彬（2004）指出，我国广泛存在着歧视农户的现象，认为农户生活在社会的最底层、素质低下与之沟通困难。因此，社会上一些机遇很少青睐农户。同时，农户的思想观念较为落后，因循守旧，接受新事物的速度较慢，也不善于把握发展机遇，由此造成其收入水平增长缓慢。

（3）关于提高农户收入途径的研究。蒋和平（2006）等学者指出，农村地区经济发展的出路应该是技术革新与进步。将科技发展最前沿的高新技术与传统农业相结合，能够极大地推动农业生产力的发展。生产力发展是经济发展的原动力，伴随生产力的发展，农村地区的生产水平会大幅提高，从而实现农户增收。翟虎渠（2006）认为，高新技术在农业生产领域的广泛应用，不仅可以解决农户收入水平偏低的问题，还能够一劳永逸地解决国家粮食安全问题，是国家长远发展和社会稳定的有力保障。张素霞（2007）还提出，农业信息化对提高农户收入水平有促进作用，因此，应增加农村地区的信息传播途径，提高农业信息化发展力度。吴敬琏（2004）等学者指出，农产品与一般商品相比，具有稳定社会的特殊性。因此，依靠提升农产品价格来促进农户增收的方法不足取。农户增收的方式应该是促使农业剩余劳动力向非农行业转移，在推动第二、第三产业发展的过程中，农户收入来源有所增加，以达到收入水平的提高。林毅夫（2008）认为，在全球经济不景气、我国经济下行压力较大、大量农民工失业的大背景下，政府应积极投入到农村地区的基础设施建设上，努力实现农村地区通自来水、用电、交通路网等基础设施的逐渐完善。这一方面可以改善农村地区经济、社会面貌；另一方面也可以吸纳大量的失业农民工。徐祥临（2006）也认为，政府应加大对农村地区基础设施建设的投资力度，并对农户进行一定的经济补贴，产生乘数效应，提高农户收入水平。

1.3.2.2 农户贷款行为研究综述

20世纪80年代以来，农户贷款行为研究受到理论界的持续关注。众多学者结合自身的专业背景，对农户贷款需求、贷款用途、贷款渠道、贷款可获得性等方面进行研究，得出了众多具有指导意义的结论。

（1）农户贷款需求方面。多数学者认为，当前我国农户普遍存在贷款意愿和贷款需求。霍学喜（2005）通过对陕西渭北地区农户借贷行为的研究发现，以务农收入为主要经济来源的农户中，70%以上存在贷款需求。吕青芹（2007）对不同地区农户的贷款需求进行了调查，发现经济发展水平落后的地区农户贷款需求更为强烈。黎翠梅等（2008）通过对华中地区农户及当地正规金融组织的研究发现，七成以上农户存在贷款需求。农户家庭中从事非农业生产人员的比例、农户户主受教育水平、家庭耕地面积等对其贷款需求具有影响。李颖等（2008）在东北地区进行调研后发现，当地有信贷需求的农户数量在短时间（两年）内有较大幅度增长。史清华等（2002）针对山西等地农户贷款需求的研究结果表明，户主受教育程度、年龄及家庭收入状况对农户贷款需求影响显著。周晓杰等学者也提出相近观点。李锐（2004）认为，农户家庭拥有的土地面积尤其是上等土地面积会影响农户贷款需求，利率越低、还款期限越灵活的贷款方式越受到农户欢迎。宫建强（2008）认为，农户收入水平、可支配资金是农户贷款需求的影响因素。何莎莎（2008）指出，农户在贷款时约定的利率和还款期限并不会得到很好的执行。秦建国（2011）认为，家庭人口数量和家庭可支配资金的主要流向是影响农户贷款需求的重要因素。罗剑朝等（2012）认为，农户受教育程度、对贷款业务的认知程度以及耕地面积对农户贷款需求具有显著的正向影响，户主年龄、家庭总收入水平和家庭储蓄余额对农户的贷款需求具有显著的负向影响。周小斌（2004）、何广文（2005）等学者也持相似观点。张树基（2006）对东部地区农户贷款行为的研究表明，是否有过成功的贷款经历、非农收入数量及家庭成员的平均受教育年限对其贷款需求有显著正向影响，户主政治面貌、家庭日常花费对其贷款需求的影响不显著。罗方和李萍（2009）以我国西部地区农户为研究对象，发现农户务农成本、农作物尤其是经济作物的种植规模、家庭成员性别比例对其贷款需求产生影响。张帅（2009）运用 Logit 模型分别对我国东、中、西部地区农户贷款需求进行研究，发现农户纯收入、贷款利息、与金融机构的距离等对其贷款需求影响显著。韩宁（2010）认为，农户家庭生活中的实际决策人性别及受教育程度对于贷款需求的影响要大于户主性别及受教育程度对贷款需求的影响。

（2）农户贷款用途方面。目前主流观点认为，在以我国为代表的广大发展中国家，农户对正规金融组织的贷款需求主要以生产型为主，对民间借贷以及亲戚之间的资金往来主要以非生产型为主。然而，我国学者黄祖辉于 2005 年对 820 个样本农户的调研数据分析后指出，无论贷款渠道是正规还是非正规，农户贷款得来的款项均用于非生产型方面的支出。一些农户在正规渠道申请贷款时声称是用于生产型支出，多是为了贷款申请能够顺利通过审批。颜志杰等（2011）的研究结果表明，经济不发达地区农户非生产型贷款需求高于生产型贷款需求。农户收入构成的比例对农户贷款用途有影响，但影响性有待研究。王丽萍等（2006）依据对陕西地区农户贷款行为的研究，发现家庭成员中外出务工人员比例与其非生产型贷款需求呈负相关关系，与生产型贷款需求呈正相关关系。非生产型贷款方面，家庭收入以务农为主的农户在日常生活的各个方面均有贷款需求，收入以务工收入为主的农户其非生产型贷款主要用于支出医疗、子女教育等方面；生产型贷款方面，前者主要用于购买农药、种子、化肥等农作物生长方面，后者则主要用于置购大型机械设备等非农生产领域。李盼盼（2008）通过对华北地区农户的研究发现，居住地的地理位置对农户的贷款用途具有影响。居住在内地的农户相比较沿海地区的农户更容易产生生产型贷款需求，且还款期限一般较短。沿海地区农户的贷款需求一般以生产型为主。

（3）农户贷款渠道方面。我国普遍存在的城乡"二元"经济结构客观上导致了农村地区贷款来源的"二元"性。何广文（1999）通过研究发现，来自非正规金融组织的资金成为满足我国农户贷款需求的主力，多数农户难以从正规金融组织获取贷款。曹利群研究表明，农村金融市场上来自正规金融组织的贷款额仅占整个市场资金总数的 1/4。霍学喜（2005）认为，在农村金融市场非正规金融组织已成为帮助农户解决资金问题的重要渠道。并指出，在西部地区非正规借贷主要以向亲朋好友借贷为主，利息较少，高利贷现象并不普遍。李江（2004）从中国儒家文化中"远近亲疏"的观念入手，分析农户的贷款渠道问题，指出农户在解决资金不足问题时会依次采取自身消化（依靠家庭积蓄）、向亲友贷款、民间私人融资（高利贷等）、正规金融组织融资。农户不愿去正规金融组织贷款主要是因为贷款手续烦琐以及可获得的贷款额度较小等。梁永强（2008）指出，向正规金融组织申请贷款的农户多为男性，向非正规金融组织申请贷款的农户中，女性占有一定比例。刘洁（2009）则发现农户期望的贷款渠道依次为自身消化、正规金融组织、向亲友融资、民间借贷。

（4）农户贷款的可获得性方面。马永强（2011）通过农户调研和实证研究发现，贷款约束在我国农村地区普遍存在，无论是正规金融还是非正规金融，都不能有效地满足农户的贷款要求。钟春平（2010）认为，农户收入较低和缺乏有效率的投资渠道是导致农户贷款可获得性不容乐观的主要原因。叶静忠（2004）认为，正规金融组织更偏爱家庭资产较多以及社会关系较广的农户，家庭经济状况一般的农户很难从正规金融组织获得贷款。非正规金融组织较之正规金融组织更看重贷款申请农户在当地的口碑和其家庭成员中下一代的受教育程度。何广文等（2005）发现，无论是正规金融组织还是非正规金融组织，农户的受教育水平对其贷款的可获得性都有正向影响。在向非正规金融组织申请贷款的农户中，家庭收入对农业的依赖性越强，越不容易获得贷款。侯旭丹（2006）发现，农户种植规模、家庭储蓄水平以及贷款利率水平与其从非正规金融组织获得贷款的概率正相关；农户是否为村干部、家庭房屋情况、贷款用途与其从正规金融组织获得贷款的概率正相关。陈巧玲（2008）指出，农户是否加入信用联保小组对其能否从正规金融组织获得贷款影响显著。窦蓉（2006）认为，户主的政治面貌对其从正规金融组织获得贷款具有一定影响。关于农户贷款需求不能得到满足的原因，大部分学者认为是商业银行运转模式与农户客观条件之间未能紧密结合。刘金波（2004）认为，大部分国有银行裁撤或压缩其自身在农村地区的规模，一些营业网点被撤销，剩余的营业网点大多不开展贷款业务，单纯依靠农信社难以满足农户的贷款需求。任荣明（2004）认为，政府对涉农贷款的扶持力度不够，大量正规金融组织缺乏进入农村金融市场的动力，是导致农户贷款可获得性较低的原因。周脉伏认为，农村非正规金融组织缺乏有效的监督和引导机制，使其对正规金融组织的补充作用下降，进而导致农户贷款可获得性偏低。

（5）农户贷款期限方面。多数学者的研究结果表明，我国农户的贷款期限普遍较短。李晓明（2006）在华中地区的调研数据表明，40%以上农户贷款期限在半年左右，很少有农户的贷款期限超过 3 年。罗剑朝（2006）的研究表明，我国农户的还款期限存在着巨大的区域性差异，还款期限在东部、中部、西部地区呈现显著的依次缩短态势。还款期限与贷款用途、贷款渠道之间也存在联系。生产型贷款一般还款期限较长，农户偏爱向正规金融组织申请（涉农性生产型贷款尤为明显），非生产型尤其是应对日常支出的贷款还款期限较短，出于放款期限以及利率方面的考虑，农户更愿意选择非正规贷款渠道来满足这部分贷款需求。刘西川（2007）认为，当前我国农村地区正经历着重大变革，农业收入在家庭总收入中所占比例已越来越小，贷款用途多表现为非生产型，还款期限一般不超过 1 年。

1.3.3 国内外研究评价

（1）关于农户收入的研究。国外学者对农户收入问题做了深入研究探讨，也得出了一些具有普世价值的结论。但国外的社会经济条件与我国实际情况尤其是丝绸之路沿线省份相比存在很大不同，因此，很多研究结论在我国丝绸之路沿线省份并不能完全适用。我国学者对我国农户收入的影响因素、对策措施研究较多，也有部分学者进行了比较全面细致的定性分析和定量分析，但已有的研究大多关注农户收入的外在影响因素，多关注农户收入数量属性，如相关政策扶持、引进社会资本等，对于影响丝绸之路沿线省份农户收入内在因素的研究还较少，忽视了丝绸之路沿线省份农户收入数量与其收入的充足性、稳定性、结构性、成本性、知识性等方面之间的相关性。丝绸之路沿线省份农户收入的来源结构、功能作用、经济社会发展水平及其他特征与我国其他地区有很大不同。丝绸之路沿线省份农户增收问题是全国农户增收问题的一个方面，具有重要的经济和政治意义。丝绸之路沿线省份农户收入质量的提高无疑会给我国其他地区提供参考，因此，系统研究丝绸之路沿线省份农户收入内在影响因素，可以避免单纯从数量上研究农户收入增长的局限性。

（2）关于农户贷款行为方面的研究。学术界对农户贷款行为的研究视角已具有多元化特征。多数学者都侧重从一个或几个特定影响因素来解释不同农户对贷款行为所表现出的不同反应，这充分表明在现实的农村金融环境中，农户贷款行为问题的特殊性和复杂性。国外研究已经形成较为完整的理论体系和方法体系，研究对象大多集中于孟加拉国、印度、泰国等亚洲国家，所探讨的贷款约束的机理及其对农户贷款行为影响的体制性根源也有别于我国，但其中一些研究成果如信息不对称理论、贷款约束测度方法等值得我国借鉴。国内的研究日益成熟和全面,关于农户贷款行为、贷款约束的个案分析对本书研究具有参考价值。从现有文献看,已有的研究还存在一些不足。

一是在研究农户贷款行为方面,大多都是从分析研究农户的个人特征、家庭经济特征来考虑,很少有从农户收入的影响因素方面进行考量。与传统农户收入更多受气象、季节等自然因素影响不同,由于农民工的大量出现,当今农户收入更多受全球经济发展形势、国家经济政策调整等社会因素影响,这就导致两者在财富积累、资产增加等方面存在很大不同,而这些不同必然对农户的日常经济行为如贷款等产生影响。全面、深入地衡量和研究农户收入,可以避免单纯从数量上研究农民工收入增长的局限性。

二是在贷款供给的研究中,我国学者对贷款约束的认识集中于供给方面,忽视了需求方面导致的贷款约束,未能在有效控制住贷款需求的基础上对贷款约束进行研究,注重农村金融与农户收入水平的关系研究,鲜有学者关注农户收入质量因素对贷款需求的影响。同时,与国外学者不同,我国一些学者调研的方法主要是询问被访者是否有贷款行为、是否贷到款等。在数据处理方式上过于简单,将获得贷款但并未获得全额贷款的农户等同于获得全额贷款的农户。金融组织作为主要的放贷主体,往往将农户的收入水平作为非常重要的测评因子来决定是否发放贷款,单纯以收入水平为参考来决定是否放贷的作法一直未取得良好效果,未能如期偿还的贷款的现象时有发生。若从收入质量特征来评定农户的收入质量问题,来考察其对农户贷款需求的影响,能为解决贷款需求问题提供新的思路。

1.4 研究内容

提高农户收入是破解"三农"问题的重要一环。国内外大量实践经验表明,引导和激发农户贷款行为能够有效提升其收入水平,进而带动当地经济发展。然而,在我国丝绸之路沿线省份,由于对农户贷款行为影响因素的认识存在偏差,农村金融对于提高当地农户收入的带动作用并未得到充分发挥。鉴于收入是影响农户贷款行为的主要因素,本书界定和细化农户收入质量概念,从收入的充足性、稳定性、结构性、成本性以及知识性五个维度出发,探讨其对农户贷款需求、贷款用途、贷款渠道、贷款可获得性以及还款期限的贷款行为的影响，从而提出具有针对性的政策与建议，促进丝绸之路沿线省份农村金融健康发展，带动当地经济增长，推动"三农"问题的解决，如图1-1所示。

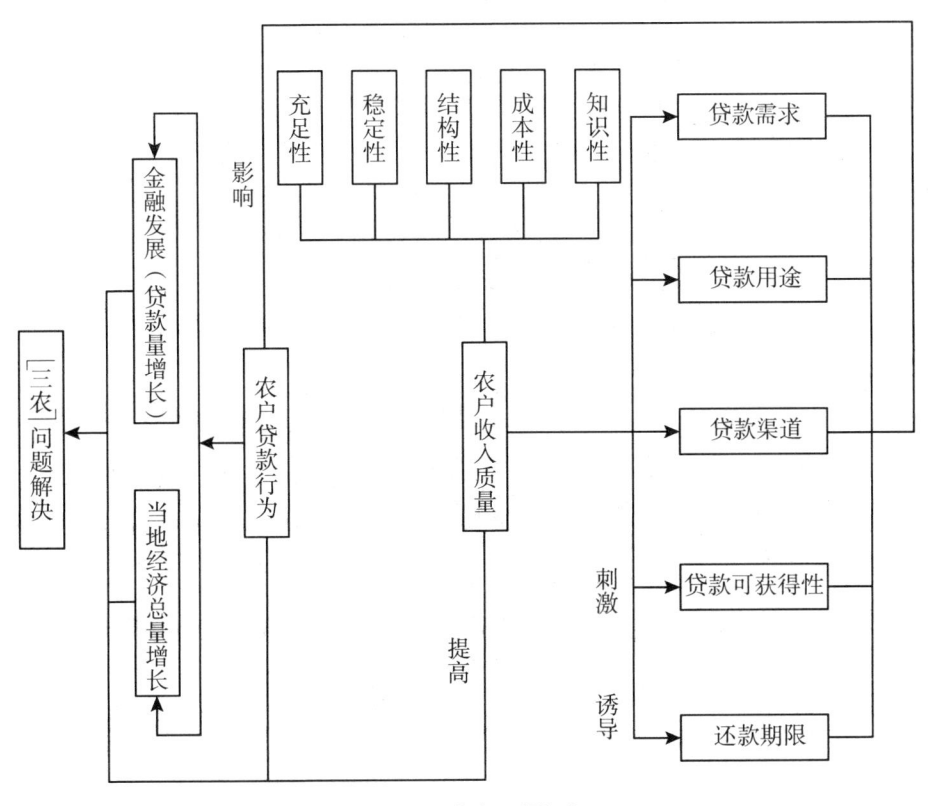

图1-1 本书逻辑框架

1.5 研究思路、研究假设与研究方法

1.5.1 研究思路

本书参考农户收入及农户贷款行为领域研究成果，在界定农户收入质量概念及农户贷款行为内涵的基础上，通过影响机理分析、交叉统计分析、方差分析和计量分析等手段，从收入的充足性、稳定性、结构性、成本性以及知识性五个维度探讨其对农户贷款行为起始阶段、决策阶段、实施阶段以及还款期限

的影响，并根据相关结论给出改进现有农村贷款政策，提高农户收入质量的途径与建议，如图 1-2 所示。

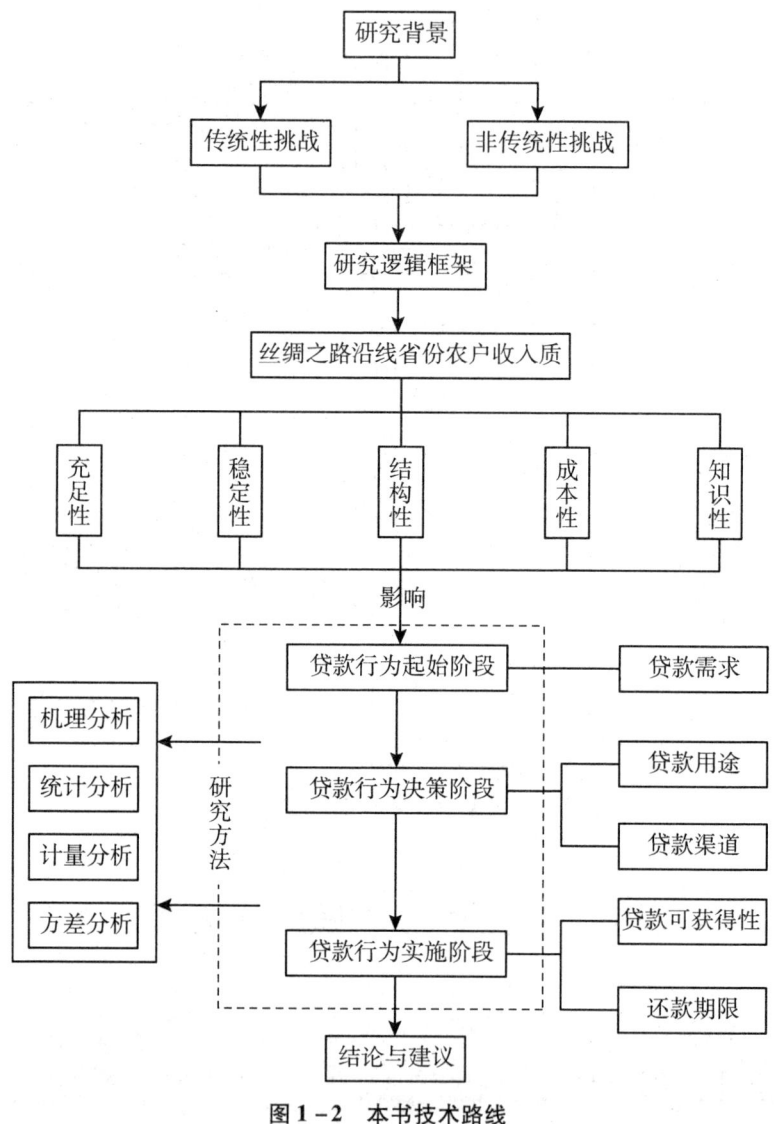

图 1-2 本书技术路线

1.5.2 研究假设

本书假设农户是理性的经济行为人，并在此基础上依据理性行为理论对农户贷款行为的不同阶段进行划分。笔者认为，鉴于贷款行为在农户日常经济行为中的重要性和特殊性，农户对于贷款行为的决策是慎重的。是否产生贷款等经济行为、产生何种类型的贷款行为，都是在依据追求自身经济效益最大化的基础上，反复思考、权衡利弊才进行决策。即追求以最小的成本获取最多的收益。就贷款行为问题来说，农户会在"有利可图"时，积极参与其中；也会在"风险过高"时，做出止损的决策。

在农村金融研究领域，理论界长期存在着一种观点，认为农户不是经济学意义上的"理性人"，或者说由于经济知识缺乏、经济环境相对单一以及受传统观念束缚严重等原因，其经济行为"理性程度"较之工人等其他人群较弱。这种观点在20世纪70年代石油危机爆发前一直是农村金融领域的主流观点。大多数农户由于种种原因没有储蓄习惯，或者即使有储蓄，数额从投资的角度讲也基本小到忽略不计。因此，大部分农户不具备转变为企业家的条件，没有在当前消费与未来消费中直接进行协调的能力。这是导致农村地区发展缓慢的重要原因。

舒尔茨在《改造传统农业》一书中提出相反观点，指出由于农村地区受自然条件因素影响巨大，农户的生产生活方式和风险防范意识与生活在城市中的人群相比有很大差距。同时，由于缺乏良好的投资机会，加上农作物生长的不确定因素太多，农村地区的投资环境相对较恶劣，农户出于追求更高收益的动机，才不去考虑看似遥不可及的长远利益。和普通人一样，农户也是在权衡自己可能获得的收益和必须舍弃的成本之后，决策自己的经济行为，这与多数学者之前认为的农户不储蓄主要受传统思维、自然环境影响的原因不一致。农户储蓄金额较少这一现象看似是农户在经济活动中的非理性体现，实则是农户在种种既定的约束条件下，基于理性分析的基础上的理性行为。

虽然国情不同，文化和风俗之间的差异也非常显著，但我国农户在制定自身的贷款行为时大多本着追求最大的经济利益来进行决策，符合理性人假设。之前也有学者参考国外的农户经济行为非理性学说，将我国农户视为"非理性的经济人"。这种观点与我国的客观实际出入很大。中华人民共和国成立以来，尤其是改革开放至今的30多年，农村地区的发展极为迅速，一些地区近些年新创造出的价值量超过该地区上百年的价值量总和。随着农民工的大量出现，农户的思想观念与城市居民之间的差距已越来越小，两者之间的界限已越来越模糊。农户在进行储蓄投资、产生贷款意愿等经济行为决策时，其行为是完全理性的。将农户假定为理性经济人，是全面、深刻、正确研究农户经济行为的基本条件。本书正是出于农户是理性人这一研究前提，借鉴 Fishbein（1975）和 Simon（1978）等提出的理性行为理论，依据"感知—思考—行动"的理性行为发生步骤，将农户贷款行为细分为贷款行为起始阶段（贷款需求）、贷款行为决策阶段（贷款用途、贷款渠道）以及贷款行为实施阶段（贷款可获得性、还款期限）。

1.5.3 研究方法

（1）要素分析法。要素分析法的主要应用领域为政治学、社会学等人文学科。由西方学者在 20 世纪 60 年代提出。本书对这种方法加以借鉴，在综合考虑众多对农户贷款行为产生影响的因素基础上，对农户贷款行为有重大影响的农户收入水平进行细分，从充足性、稳定性、结构性、成本性及知识性五个维度来具体考察。五个维度彼此之间互不从属，但都会对农户的收入质量产生影响，并直接影响农户的可支配资金。

（2）计量分析法。本书的实证分析部分尤其是农户收入质量对贷款行为影响的研究中以计量经济学分析方法为主。农户的贷款行为意愿、贷款用途及贷款可获得性作为因变量，影响农户贷款行为的因素作为自变量。在对数据进行描述性统计时，本书采用平均数、百分比、标准差等一般统计方法分析和反映文章中有贷款行为农户的基本特征和不同种类贷款农户的特点。对借贷行为案例分析进行一般统计描述和分析。在实证分析环节，本书主要采用二元 Logit 模型、多元 Logit 模型以及 Tobit 模型，揭示丝绸之路沿线省份农户收入质量对其贷款行为的影响机理。

（3）比较分析法。本书依据调研数据，探究农户收入质量对贷款行为的影响，并研究收入质量某一维度相似的农户其贷款行为影响因素。具体而言，是依据总样本回归结果，发现其中的显著变量，并以此为分类依据，更深一步挖掘收入质量对贷款行为的影响。

1.6 本书可能的创新之处

（1）农户收入质量概念的界定。在借鉴相关已有研究成果的基础上，本书以丝绸之路沿线省份农户为研究对象，从收入的充足性（收入能否满足家庭开销)、稳定性（收入波动程度）、结构性（不同收入来源在总收入中所占比例）、成本性（收入获取效率）以及知识性（获取收入的技能含量）等五个方面评价其收入质量，并对收入质量与收入数量之间的关系进行分析与论证。

（2）农户贷款行为的细分。之前学者研究贷款行为时，对贷款行为的阶段划分往往重视不足，间接导致了农户贷款行为研究客体的不统一，降低相关研究之间的可借鉴性。本书从农户理性人假设出发，借鉴理性行为理论，依据"感知—思考—行动"的理性行为发生步骤，将农户贷款行为细分为贷款行为起始阶段（贷款需求）、贷款行为决策阶段（贷款用途、贷款渠道）以及贷款行为实施阶段（贷款可获得性、还款期限），并以此为基础研究和分析收入质量对贷款行为各个阶段的影响。

（3）将收入质量概念引入农户贷款行为研究。关于农户贷款行为影响因素的研究一直是农村金融研究领域的热点问题。多数学者指出，收入数量对于农户贷款行为影响显著，但对于农户收入数量的内生影响因素如何作用农户贷款行为则关注不足。本书提出农户收入质量概念，并将其引入农户贷款行为研究当中。一定程度上弥补了以往学者在研究农户贷款行为时只注重农户收入数量、忽视农户收入质量所造成的局限和不足，并唤醒相关学者在本领域研究思路和研究方法的创新。研究结果表明，农户收入充足性、稳定性、结构性、成本性以及知识性对于其贷款行为均产生显著影响。因此，金融组织在放贷时应将农户收入质量纳入考察范围，并针对不同收入质量特征的农户开发不同的贷款产品。遵循这种原理，既能有效地控制贷款资金风险，又能更好地发挥农村金融对农户收入增长的带动作用。

第 2 章

相关概念界定及理论基础

农户收入数量状况被学术界普遍认为是影响其贷款行为的主要因素之一，然而，对于农户收入质量如何影响其贷款行为，却少有学者涉及。本章在界定研究有关概念的基础上，建立收入质量对贷款行为影响模型，并对相关理论进行回顾，为随后几章的实证分析奠定基础。

2.1 相关概念界定

2.1.1 农户收入质量

2.1.1.1 农户概念

本书中提到的农户是指由农民组成，拥有一定数量土地使用权或户口仍在农村的，在生产活动中以相互协作为基本特征、选取认为最优的生产规模和生产要素投入比例，拥有剩余价值控制权、以最小的投入获得最大的回报的社会经济组织单位。农户的组成以血缘为纽带，是农业生产、农产品销售和剩余产品消费的基本单位。同时，农户内部各成员相互之间有很强的经济和心理依赖关系，家庭资产大多为家庭成员所共有，存在共同利益。就行为方式来说，农户既是生产单位，又是消费主体；既有理性行为，又有感性行为；既从事农业劳动生产，又从事非农业劳动生产。在本书的研究中，农户即等同于农民家庭。而本书所指的农民是户籍在农村地区、具有土地承包权、依然从事农业生产的行为人，是我国城乡"二元"治理结构下的产物。农民工与农户、农民之间有天然的不可分割性，农民工发源于农民，是户籍在农村地区但从事非农生产的行为人，是伴随着经济发展，由农民群体分化产生。农户由一群具有血缘关系的农民组成，伴随着农民工的出现，农户的家庭成员构成也产生变化。从收入角度看，农民的务农收入构成农户的农业收入来源。大部分农民工将务工收入中的一部分留作自己的务工开销外，将其余资金寄回家中补贴家用，这成为农户的工资性收入来源。并且随着农民务工现象越来越普遍，农户农业收入占家庭总收入的比重在逐渐下降，工资性收入已成为农户收入的重要组成部分。因此，在衡量农户收入质量时，也应考虑到一些影响农民工收入状况的变量对农户收入的影响。在农业发展转型的过渡时期，农户间差异已极为明显，当前农户在人力资本积累、收入水平波动、收入获取渠道方面与传统农户相比已有较大差别，不同类型的农户，其收入状况、收入结构、收入获取效率均有所不同。造成农户收入差异的原因也由过去的自然资源禀赋不同转变为经济发展形势、消费者偏好等宏观条件的差异。因此，在参考农户个体差异的基础上，综合考虑影响农户收入各种因素的研究方法较之单纯以收入数量为切入点的研究更具现实意义。

2.1.1.2 收入质量概念

（1）收入质量概念界定。前一章关于农户收入的文献综述梳理表明，已有研究大多侧重于从社会制度、相关政策等外生因素切入和解释农户收入问题，农户收入的稳定性、成本性等内生因素对其收入的影响被多数学者忽视。而在有关农户贷款行为的研究当中，多数学者指出农户收入数量对其贷款行为具有影响，对于影响农户收入数量的众多内生因素与贷款行为之间的关系罕有研究，忽视了农户收入质量属性对于农村地区经济发展的重要性。事实上，长期以来农户收入数量的增长，并不能准确地反映出农户生活水平、获取收入能力及福利方面的增长，而收入质量较之收入数量则可以从更深层次反映其收入状况，能够一定程度上体现出农户收入获取能力等方面的实际情况。

为消除在只有数量增长没有质量增长的低层次增长模式给研究农民收入问题带来的干扰，更准确地探究农户收入与其贷款行为之间的关系，本书提出农户收入质量概念。收入质量是笔者借鉴人力资本理论和经济增长理论中有关持续发展及增长的相关内容，以收入数量为评价基础，从收入的充足性、稳定性、结构性、成本性以及知识性等能够影响收入数量的五个方面来考察收入的好坏或优劣程度（见图2-1）。收支情况、收入来源渠道、收入波动情况、收入获取成本及工作技能含量等诸多要素反映出的农民增收能力、收入结构、收入持续性、劳动成本、教育素质等，可以理解为收入质量的含义。通过对农户进行收入质量衡量可以直观地反映出其收入质量的好坏。高质量的农民收入表现为收入充足、增长稳定、结构合理、知识含量高、获取成本低（孔荣，2012）。

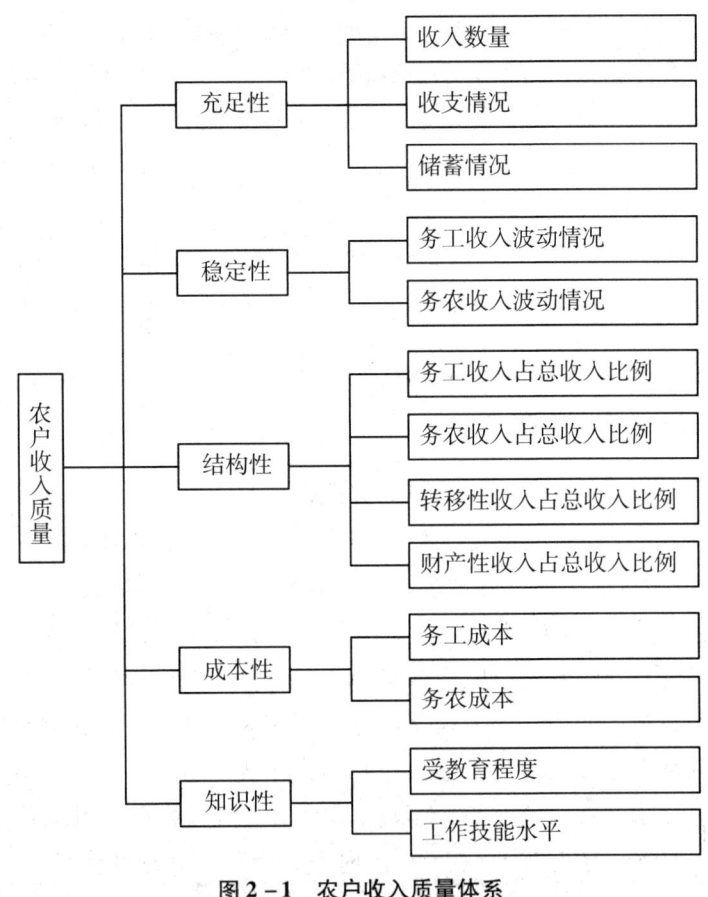

农户收入质量
- 充足性
  - 收入数量
  - 收支情况
  - 储蓄情况
- 稳定性
  - 务工收入波动情况
  - 务农收入波动情况
- 结构性
  - 务工收入占总收入比例
  - 务农收入占总收入比例
  - 转移性收入占总收入比例
  - 财产性收入占总收入比例
- 成本性
  - 务工成本
  - 务农成本
- 知识性
  - 受教育程度
  - 工作技能水平

图2-1 农户收入质量体系

①农户收入充足性。农户收入充足性是指农户收入总量能否满足家庭日常开支和生产活动的资金需求，是收入质量的最直观体现。需要强调的是，收入的充足性必须以户为单位来衡量才有意义。因为几乎所有的农村劳动力（如农

户）都可以依靠自己的务工所得维持自己的生活，不需要其所在家庭（农户）对自己进行资助。更多的劳动力将自己劳动所得除用于生活费外（满足自身的收入充足性），剩下很大一部分被带回家中，用于满足家庭的收入充足性（寇荣等，2007）。本书主要通过农户收入数量、近三年农户收支情况、农户储蓄水平等三个指标来体现农户收入的充足性。

②农户收入稳定性。农户收入稳定性反映农户收入的波动情况，是收入质量的重要组成部分。考虑到农户外出务工现象已广泛存在，在研究农户收入稳定性的同时也应对影响农民工收入稳定性的因素加以考虑。农户的收入稳定性主要由务工收入稳定性和务农收入稳定性两部分组成。务工收入主要受经济发展形势等社会因素影响，务农收入主要受天气、气候等自然因素影响。经济发展形势关系到农户找工作的难易程度。由于缺乏替代性选择，农户往往从事那些最容易受经济波动影响的工作，如科技含量较低的制造业和建筑业。经济波动会增加农户务工的潜在风险，破坏农户收入稳定增长的内在机制，影响农户的工资性收入水平。天气、气候等自然因素关系到农作物的产量，影响农户的务农收入稳定性。大量学者指出，收入稳定程度与收入数量之间存在正向关联性，收入不稳定的农户一般收入数量较少。从农户群体角度看，收入的剧烈波动会影响农户收入增长的内在机制，增加农户收入获取的不确定性，影响农户收入质量的提高。本书主要通过农户务工收入波动情况和务农收入波动情况两个指标来体现农户收入的稳定性。

③农户收入结构性。农户收入结构性是指农户各种收入来源在总收入中所占的比例，是收入质量的统计学体现。收入结构的优化是经济持续增长的重要动力之一，相对于其他维度，收入结构性对于收入质量的显现力更为深刻和深远。有关经济增长的研究表明，经济结构转型是经济增长的重要源泉之一。因此，农户收入结构是否合理决定了收入增长的效率。在我国二元经济结构的转型中，农户扮演着非常重要的角色，其收入结构也由原来的单一收入来源（家庭务农经营收入）向多元化、非农化转变。伴随着农户的大量涌现，农户增加了工资性收入这一传统农户不具备的收入来源。除务工收入和务农收入两种收入来源外，农户还具有转移性收入和财产性收入两类收入来源，不同种类收入在总收入中所占比例的不同，体现着农户收入增长路径及收入影响因素的不同。本书主要通过农户务工收入占家庭总收入比例、务农收入占家庭总收入比例、转移性收入占家庭总收入比例和财产性收入占家庭总收入比例等四个指标来体现农户收入的结构性。

④农户收入成本性。农户收入成本性是指农户为获取收入所必须支付的各项成本开销,直接反映出农户获取收入的效率。收入获取成本具有多种形式,可以是显性成本或隐性成本物质成本或精神成本也可以是有形成本和无形成本。本书将农户收入成本划分为农户务工成本和农户务农成本两部分。农户务工成本包括求职成本、日常工作和生活成本以及沉没成本三部分。求职成本包括求职送礼费、因求职产生的交通费、服装费、中介费等费用;日常工作和生活成本包括税费、学习培训费以及因工作带来的健康损害、日常食品和交通费、房屋租金、意外损失、休闲费等费用;沉没成本指因外出就业而放弃务农能够获得的收入。一般而言,还包括因离乡务工所产生的思乡、受歧视、与父母妻儿异地生活以及适应新环境所产生的各种心理成本,但这些成本不好量化,也不好用客观指标去衡量,因此,本书暂不考虑这些成本对其贷款需求的影响。农户务农成本主要是指在农作物生产等过程中产生的费用。

农户收入、可支配资金以及收入成本三者间关系可用以下公式表示:

$$P = R - C \tag{2.1}$$

其中,P 代表农户可支配资金;R 代表农户收入;C 代表农户收入成本。从公式(2.1)中可以看出,收入成本对农户可支配资金呈负向影响。在相同收入水平下,农户付出的获取成本越低,表明其收入质量越好;在相同获取成本支出水平下,收入水平越高,说明收入质量越好。本书通过农户近三年年均务工成本和务农成本两个指标来体现农户收入质量的成本性。

⑤农户收入知识性。收入知识性是考察为获得收入所运用的知识和技能,是收入质量的核心。虽然接受教育的行为不能直接给行为人带来收入,但绝大多数学者仍认为人力资本的积累与个人收入呈正相关关系。并且在信息化的大背景下,知识的更新换代频率加快,学习新知识的效率高低直接决定了农户收入水平的变化。农户的受教育程度高低能显著影响农户的接受能力,知识含量越高的行为人往往具有更好的理解力、判断力和经营能力,因此,有更多机会获得更高收入。同时,收入获取方式也是影响其收入的主要因素,收入获取以技能为主的农户收入也往往高于以体力型为主的农户,本书通过最高教育程度和工作技能水平两个指标来体现农户收入质量的知识性。

(2) 收入质量与收入数量间关系。收入数量,是指某一个体(如个人或组织)通过销售产品、提供劳务及转让资产使用权等日常活动中所形成的经济利益的总流入,包括商品或劳务的销售收入、利息收入、使用费收入、股利收入等。收入数量与收入质量之间既有差别又有联系。两者的差别主要体现在：首先，着眼点不同。收入数量是从数量角度衡量行为人收入的重要指标；而收入质量则是着眼于影响农户收入数量的多种因素，从收入稳定性、成本性等更深层面研究农户收入问题。收入质量体现农户实际经济实力，收入数量则更多体现农户的名义收入水平。其次，两者关注点不同。收入数量主要研究行为人收入增长、投入产出比等方面；而收入质量则是从收入结构优化、减少波动幅度等方面对收入问题展开研究。再次，两者研究目的不同。收入数量的研究主要通过逻辑推理以及实证研究的方法，探究收入快速增长的方式；而收入质量则是在价值判断的基础上，研究收入持续、合理增长的路径，以及在收入增长的过程中，实现行为人福利持续增长的方法。最后，两者对行为人收入的意义不同。收入数量方面的变化属于量变，而收入质量方面的变化属于质变。两者的联系体现在：首先，收入数量是收入质量的外在表现形式，收入质量是收入数量的内在影响机制。收入数量直接体现农户收入水平，是收入水平的表；收入质量影响农户收入水平，是收入水平的里。其次，两者相互依存。充足、持续的收入数量依赖于良好、合理的收入质量，较高的收入质量是较多收入数量的有力保障。高收入质量是高收入数量的充分条件，高收入数量是高收入质量的必要保证。长期、稳定的收入数量增长是收入质量提高的唯一标准。相对于收入数量来说，收入质量可以更加客观地评价收入状况。

2.1.2 农户贷款行为

贷款是指行为人向正规金融组织或非正规金融组织借取钱和物的行为。牛荣（2013）认为农户贷款行为包括贷款需求及贷款可获得性两个方面；童馨乐（2012）认为农户贷款行为包括贷款渠道、贷款用途、贷款利率、贷款需求等；王芳（2012）认为农户贷款行为包括贷款需求、贷款渠道等；李艳敏认为农户贷款行为包括贷款需求、贷款期限、抵押方式以及贷款用途等。

结合以上学者的研究成果，本书认为丝绸之路沿线省份农户贷款行为分为三个阶段、五个方面，如图2-2所示。

2.1.2.1 贷款行为起始阶段——贷款需求

贷款行为的起始阶段是指农户是否产生贷款需求。农户贷款需求是指当农户自有可支配资金不能满足其生产生活支出需要时，向其他组织（主要是正规

图 2-2 农户贷款行为逻辑

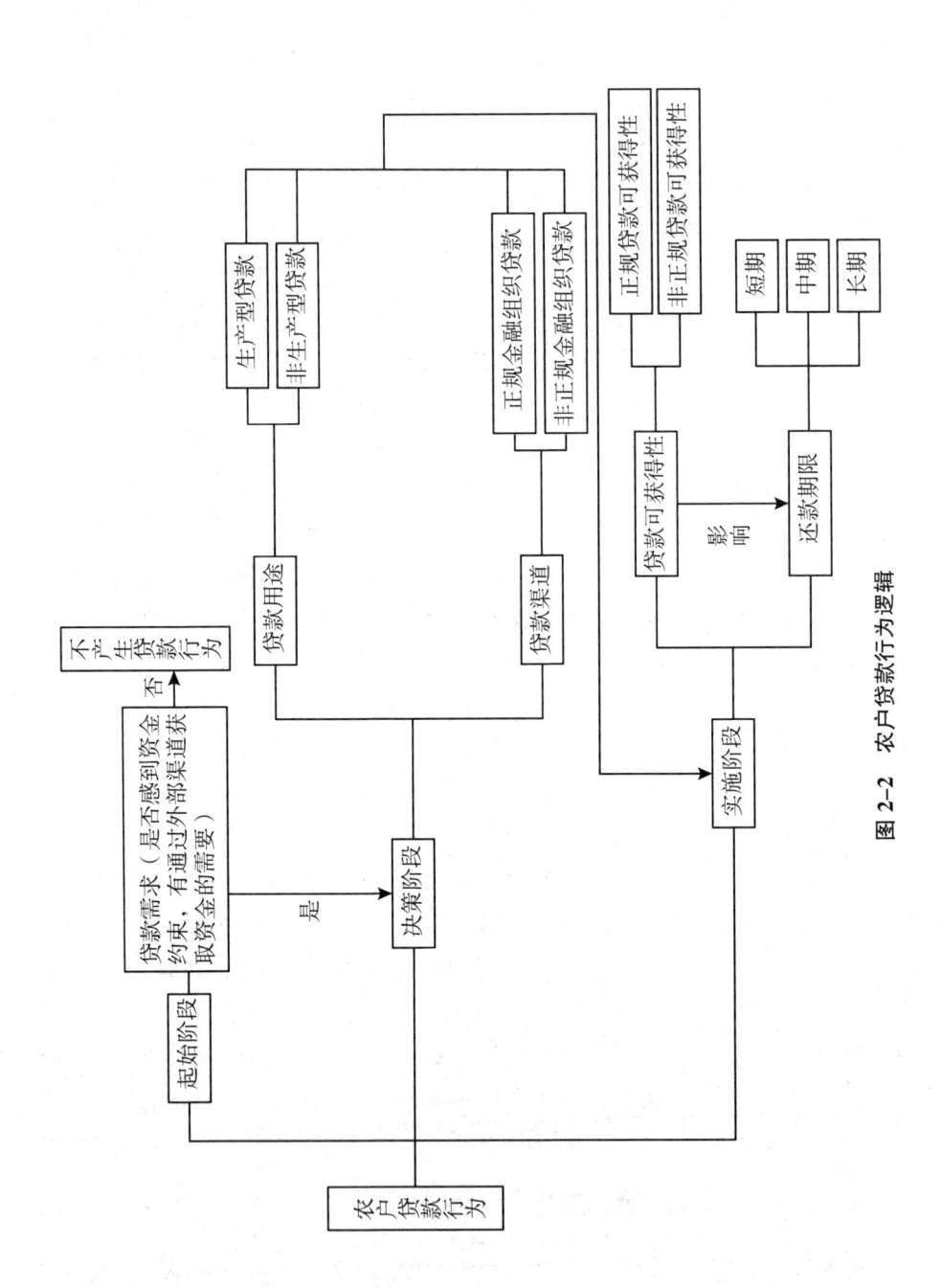

金融组织）或个人提出的资金获取申请。农户是否感到资金约束，并希望通过外部融资的方式缓解或解决资金约束将直接影响农户贷款需求的产生。行为人如果没有贷款需求，会从根本上影响贷款行为的产生，限制贷款量的增长，进而弱化农村金融对"三农"问题解决的带动作用。需要指出的是，农户贷款意愿与贷款需求有根本意义上的不同。后者是指行为人在衡量过借入资金的边际成本和边际收益后，认为"有利可图"，向其他金融组织发出的一种融资信号。衡量后如果认为无利可图，则不会产生贷款需求。贷款意愿是贷款需求产生的基础，贷款需求是农户在具有贷款意愿的前提下所做出的申请贷款行为。是否发生实际申请行为，是区别贷款意愿和贷款需求的重要标志。

2.1.2.2 贷款行为决策阶段—贷款用途、贷款渠道

（1）贷款用途是指农户将获得的贷款具体投入哪个领域。按照贷款使用领域的不同，农户贷款需求可分为生产型贷款需求和非生产型贷款需求两大类。

一是生产型贷款需求，是指农户可支配资金无法满足农民对生产、经营等方面的资金需要而产生的贷款需求。在农村地区，一些具有一定能力的农户受益于国家搞活农村市场政策的支持，在多年的生产活动中逐渐脱离贫困，积累起财富。这部分农户具有一定的风险抵抗能力和机遇识别能力，当发现有好的投资项目时，产生投资倾向。但家庭已有的可支配资金不一定能足够支持其投资意愿，这时，农户容易产生生产型贷款需求。如投资建立大的生产加工企业、购买大型农业机械设备、大规模种植大棚蔬菜等。生产型贷款需求主要表现为投资属性。

二是非生产型贷款需求，是指因可支配资金无法满足日常生活所必需的各项支出以及一系列突发事件或大数额支出而产生的贷款需求。我国农村地区在实行家庭联产承包责任制后，农业生产效率得到大幅提高，绝大部分农户已彻底解决温饱问题，因此，我国农户的非生产型贷款需求主要指为满足突发事件支出或数额较大的支出。随着我国经济的快速发展，收入两极分化问题逐渐出现，农村地区的贫富差距也逐渐加大。一些农户由于种种原因（如投资失败、农产品价格市场波动等），家庭资本储蓄量较少，遇到刚性支出时（如房屋加固、子女上学、医疗支出等），往往捉襟见肘，容易产生非生产型贷款需求。非生产型贷款需求主要表现为消费属性。

（2）贷款渠道是反映农户对于贷款资金来源的选择。前文已述，在我国

农村金融市场存在着正规金融组织和非正规金融组织两类贷款资金来源。农户选择哪种贷款渠道反映农户的融资偏好以及对获得贷款可能性的预期。

当农户认为确有必要向外部进行融资，产生贷款需求时，会考虑贷款用途及贷款渠道。不同的贷款用途对农户福利增长的贡献也相差较大。非生产型贷款的投资回报率较低，生产型贷款的投资回报率较高。多数学者指出，非生产型贷款所申请的贷款额度往往较低，农户倾向非正规金融组织融资；生产型贷款所需要的贷款额度往往较高，农户倾向正规金融组织融资。同时，农户选择贷款渠道是综合获得贷款的可能性、放款周期、贷款利率、抵押物价值等多方面因素的考量。

2.1.2.3 贷款行为实施阶段—贷款可获得性、还款期限

（1）农户贷款可获得性是指农户申请贷款成功的比例，由农户向正规金融组织申请贷款的可获得性和向非正规金融组织申请贷款的可获得性两方面组成，是反映农户获取贷款难易程度的重要指标，是农户贷款行为能否成功实施的最直观体现，也是农村金融组织能否真正服务于农户收入状况改善的直接影响因素。贷款可获得性过低，则表明农户的贷款行为成功率偏低，农村金融对农户收入增长的促进效果较差；贷款可获得性过高，短时间内对农村地区经济发展和农户收入增长的促进作用明显，但往往也会使得金融组织不良资产率迅速上升，最终会导致其对于农村地区经济发展的促进作用下降。

（2）还款期限是指农户偿还贷款所需的时间，可细分为贷款偿还申请时限和贷款偿还实际时限。两者之间有显著不同。前者是指农户在申请时根据对自身还款能力的预期所制定和提出的，而后者则是农户还款能力的实际反映。在客观实践中，两者不一致的现象时有发生。

贷款可获得性是衡量和评价农户贷款行为是否成功实施的唯一标准，也是贷款量能否长期有效增长的重要影响因素。行为人仅仅做出贷款申请，无论其需求种类是生产型还是非生产型，无论其选择的贷款渠道是正规组织还是非正规组织，都不能直接影响贷款量的增长，还需要考虑申请人的贷款可获得性。贷款可获得性直接影响贷款量的增长速度，可获得性高，则贷款量的增长较快，反之则增长较慢。多数金融组织不会单纯为追求贷款量的增长而为不符合贷款资质的申请人发放贷款。这样做虽在短期内能够实现金融市场的虚假繁荣，但由于贷款风险超出可控范围，对金融机构长期发展不利。还款期限是农户贷款行为的最后一个步骤，不仅体现着农户还款能力，还从侧面反映出金融组织放款决策是否正确。并且会对农户以后的贷款行为如贷款规模、贷款可获得性等产生影响。随着农户偿还完所有贷款，农户的贷款行为也随之告一段落。

需要指出的是，与之前学者对于农户贷款行为的定义不同，本书认为贷款利率不应算作贷款行为。对农户而言，贷款利率属于外生变量，农户自主性较小。多数农户不能直接影响贷款利率水平，只能是通过选择不同的贷款渠道或还款期限间接表达自己对贷款利率的选择。贷款抵押方式应属于贷款行为范畴，但本书不将其列为主要研究内容，这与本书的研究切入点有关。现实生活中，主要存在信用贷款和实物抵押贷款两种贷款方式。信用贷款主要是指行为人出于生产或生活方面的资金需要向正规金融组织申请贷款，并且不以实物为抵押，仅以信用为抵押的贷款行为。实物抵押则是贷款申请方以自身财产的产权为担保，向资金借出方提出贷款需求的贷款方式。当前，小额信贷在我国丝绸之路沿线省份方兴未艾，通过这种新的贷款方式成功实现融资目标的农户所占比例还较小。同时，传统的实物抵押贷款在农村地区仍然广泛存在。无论哪种贷款方式，金融机构都需要对贷款申请者的收入情况进行摸排和了解。在小额信贷业务中，收入情况是金融机构对贷款申请者授信的重要依据。在实物抵押贷款业务中，收入情况也是金融机构在贷款申请审批时考虑的最为重要因素之一。鉴于收入在两种贷款方式中所起的重要作用基本一致，本书在后续的研究中将对贷款方式不作区分。

关于贷款行为阶段的划分，有些学者指出，农户应该先明确贷款用途后产生贷款需求（牛荣等，2013）。这部分学者认为，农户首先是在日常生活当中的某一个领域感到资金约束，并且仅凭借自身能力无法解决资金约束时，会产生贷款需求，而且在获得贷款后将所得金额用于感到资金约束的领域。例如，当农户决定改善住房条件而自有资金不足时，会产生贷款需求，如果能设法通过外部融资渠道获得资金，会倾向将这笔资金用于改善住房条件方面，这类贷款用途为非生产型；当农户看好某个投资项目但不具备项目开展的原始资金时，也会产生贷款需求，如果能够成功获得贷款，会倾向将这笔资金用于已看好的投资领域，这类贷款用途为生产型。在以上两个案例中，农户均是先明确资金投入领域，即贷款用途，后产生贷款需求。也有些学者认为，农户贷款用途和贷款需求无所谓先后，是一对相互依存、相互影响的关系。在农户产生贷款需求的同时自然会明确贷款用途，在明确贷款用途的同时也自动产生贷款需求（童馨乐等，2012）。

本书认为，从宏观角度分析，在农户可以自由决定和选择贷款用途的前提下，农户应当是先产生贷款需求后明确贷款用途。假设农户从外部获取一笔资金，无论是将该笔资金用于加固房屋等非生产型支出领域，还是用于投资办厂等生产型支出领域，从行为人动机视角分析均是在自身存在资金约束的前提下通过向外部融资的方式提高生活水平。而提高自身生活水平主要有两种方式：一是直接将所获资金用于改善生活条件，这部分贷款需求表现为非生产型；二是将所获资金用于投资领域，以赚取更多资金，这部分贷款需求表现为生产型。还是以农户住房条件改善为例，农户既可以将所获取的贷款资金直接用于改善房屋条件，也可以先将资金用于投资办厂，待获取更多资金后，对房屋进行更为细致和彻底的修缮。在本例中，第一种贷款需求表现为非生产型，第二种贷款需求表现为生产型。因此，其行为发生原理应当是在自有资金不足的前提下先产生改善自身生活水平的欲望（贷款需求产生），进而明确通过何种方式改善生活水平（明确贷款用途），所以贷款需求的产生应先于贷款用途的确定。诚然，本书关于贷款需求和贷款用途孰先孰后问题的讨论有一基本前提，即农户有自主选择贷款用途的权力。如果按照支出数额和时间的随意性将农户贷款用途划分为刚性贷款用途（如医疗支出、教育支出）和弹性贷款用途（如人情往来支出、投资办厂支出），则贷款需求和贷款用途孰先孰后的问题需要重新讨论。

2.2 农户贷款效用模型

伴随着我国经济转型，农户与经济、金融等领域的联系越来越紧密。在农户日常生活中，贷款行为是其重要的经济行为之一，会受到众多外界因素的影响。同时，随着包产到户等政策的实施，农户个体之间的差异性也越来越明显，而这些差异也会对农户贷款需求的强弱和种类产生作用。基于"理性人"的假设，农户在决策自身的经济行为时会遵循利益最大化、成本最小化、风险规避等原则。因此，农户在自由资金不能满足支出需要时，容易产生贷款意愿。当认为贷款行为能够给自身带来超过其交易成本的利益，并且自身具有偿还贷款的能力，对获取贷款有一定预期时，会将贷款意愿转化为贷款行为。收入是贷款行为的重要影响因素，已有研究表明，收入水平对行为人的经济行为，尤其是贷款行为有很大影响。收入也是金融机构在贷款审批时的重点考察因素之一。多数金融机构依然对贷款申请人的收入十分重视，认为收入与行为人的信用有显著相关关系。金融机构出于资金风险控制的动机,会主动要求贷款申请人提供基本信息,这些基本信息很多与行为人的收入相关。这充分体现了收入对贷款行为的重要影响。

为说明农户收入质量相对于农户收入数量对于其贷款行为的影响更为直接,在界定了农户收入质量和贷款行为概念的基础上,有必要推导其贷款行为效用函数。农户效用函数是研究收入质量与贷款行为问题的出发点和落脚点,是指行为人从所有能够使自身需求得到满足的行为中所获得的利益及愉悦感。当考虑资金约束条件时,假设农户所需资金为 I,自有资金为 A,$A<I$,则其需要筹措的资金数量为 $(I-A)$(即贷款规模),收益率为 R,则农户期望收益为 RI。农户投资成功可能性为 P_L,则失败的可能性为 $1-P_L$。设贷款单位成本为 α,则贷款总成本为 $\alpha(I-A)$,农户理论最大收益为 $(1-\alpha)RI$。BI 为农户不进行贷款行为时的收益。为保证农户可以通过进行投资而获取收益,则必须满足以下约束条件:

$$P_L \times (1-\alpha)RI \geqslant (1-P_L) \times (1-\alpha)RI + BI \quad (2.2)$$

当达到均衡水平时,公式左右两边相等,则:

$$I = A + P_L \times \alpha RI = A + RI - BI \quad (2.3)$$

相应的农户效用为:

$$U(A) = (P_L R - 1)I = (P_L R - 1) \times (A + RI - BI) \quad (2.4)$$

考虑到农户家庭是由两人以上组成的一个社会组织,则其家庭总效用函数为:

$$U_i = [\alpha_{1i}(T - L_{hi})^{-ui} + (T - L_{fi})^{-ui} + (1 - \alpha_{1i} - \alpha_{2i})y_i^{-ui} + \cdots]^{-1/ui} \quad (2.5)$$

其中,U_i 为农户家庭总效用,L_{hi} 为收入质量充足性维度,L_{fi} 为收入质量稳定性维度,y_i 为家庭总收入,T 为家庭成员将所有精力用于休闲时获得的效益,α_{1i}、α_{2i} 为影响系数。

为研究方便,本书假设农户的效用来自以获取贷款为基础进行的生产或非生产型劳动所带来的贷款性收益和不需要通过获取贷款来进行的劳动所获得的非贷款性收益。同时,农户进行贷款行为的动机,是追求更大的效用。假设农户的效用是其收入的正相关函数,其贷款性收入函数表现如下:

$$y = f(l, K) \quad (2.6)$$

其中,l 表示在贷款性收入中所付出的劳动,K 则表示资金投入。假设农户劳动的边际产出对于其效用的影响为正,交叉导数中不存在负数项,则农户的效用目标函数可以表示为:

$$\max_{\{l\geq 0, k\geq 0\}} \{pf(l, k)\} - rk + w(\overline{L} - l) \tag{2.7}$$

其中，p 表示农户贷款性收入中劳动成果的单位收益，r 表示单位数量的贷款成本（物质成本、人情成本、机会成本等），w 表示农户非贷款性收入的单位收益，$\overline{L}$ 表示农户总的劳动量。

由模型定义可知，模型的约束条件为 $\underline{L} \leq l \leq \overline{L}$。

其库恩塔克一阶条件下的最大收益条件为：

$$\begin{aligned} pf_l(l, k) - w > 0, \ l &= \underline{L} \\ pf_l(l, k) - w < 0, \ l &= \overline{L} \\ pf_l(l, k) - w = 0, \ \underline{L} \leq l &\leq \overline{L} \end{aligned} \tag{2.8}$$

根据定义可知，当 $dl/dw > 0$ 时，农户会愿意多进行贷款行为，反之，则不愿意进行贷款行为。同时，我们可以看出，两种收入类型的单位回报率是影响农户是否进行贷款行为的关键。而收入质量较之收入数量等其他变量更适合反映回报率，其各个维度可以有效地反映其获取收入的效率，因此，从收入质量视角研究农户贷款行为更具现实意义。

2.3 相关理论回顾

从经济学和社会学视角来看，农户作为我国农村地区最基本的"细胞"而存在，是农村经济中最基础的生产计划制订和决策机构，是农村地区几乎所有经济活动的最主要的行为主体。本书将农村信贷市场的需求方——农户作为研究着眼点，以农户收入质量为研究切入点，来探讨农户贷款行为的影响因素。贷款行为作为农户日常工作和生活行为中的一部分，不仅会对农户和农村地区产生经济学意义上的影响，也会给农户所在的农村以及农户的主要社会关系带来社会学意义上的改变。为保证研究路径的正确性和研究成果的可实施性，笔者对当前理论界关于农户收入及贷款行为研究领域的主流理论进行梳理。

2.3.1 农户收入相关理论

2.3.1.1 城乡二元理论

城乡二元理论最先由美国经济学家刘易斯在 1954 年提出，该理论以发展中国家为研究对象，认为发展中国家经济可以划分为两个不同的经济范畴：一是运用先进科学技术进行生产的新兴经济部门，主要是指工业及服务业领域；二是以传统生产方式进行价值创造的传统经济部门，主要是指农业领域。新兴经济部门发展速度较快，具有就业岗位多、产品科技含量高、质量差别明显等特点；传统经济部门发展速度较慢，具有单位劳动生产率低、产品科技含量低、产品市场可替代率高等特点。由于传统经济部门自身的生产特点，其边际劳动生产率往往为零甚至是负数，行业内存在着大量的人力资源浪费，即"零值劳动人口"。这是导致发展中国家经济发展水平长期维持在低水平和城乡差距逐渐拉大、农民实际收入持续减少的主要原因。而新兴经济部门资源配置效率高，资本回报丰厚。只要这些部门支付高于农民现有收入水平的工资，就能够吸引传统经济部门的从业人员加入，为工业部门提供"无限"的劳动力。这样，一方面促进了国家经济发展，为产业结构升级奠定基础；另一方面也可以提高这部分从农业生产部门转移过来的劳动力的收入水平。而农业部门职能等所有的"零值劳动人口"都转移到其他行业后，才能重新整合资源配置，进行生产技术革新，改善从业人员（即农民）的收入状况。因此，发展中国家必须尽快完成农业剩余劳动力的转移过程，为早日提高农民的收入水平创造条件。

2.3.1.2 农户比较优势稀缺理论

农户比较优势稀缺理论在我国也常被称为"剪刀差"论，由阿根廷学者普雷维什（Prebish）在1949年提出。普雷维什经过长期研究以阿根廷为代表的拉美发展中国家经济发展困境后得出结论，传统经济学说中关于分工能够使参与贸易的各方都获益以及都获得经济发展机会的论断存在缺陷。他指出，由于国家间、地区间经济发展的不平衡，导致各国对国际事务的影响力存在重大差别。很多发达国家依据自身在国际事务中的特殊影响力，制定出最大限度符合自身利益的"游戏规则"，严重侵害了发展中国家的利益，使其摆脱贫困的步伐减缓。这种做法在经济上的集中体现，即是发展中国家在国际贸易中的劣势地位。发展中国家主要出口农作物等低经济附加值产品，发达国家则出口工业产品等高经济附加值产品。而工业产品和农业产品之间的价格比例并不合理，由于发达国家具有更多的话语权，工业产品的价格被人为地抬高了，在这样的贸易中"剪刀差"现象大量存在，发展中国家通过种植农作物所创造的财富被发达国家通过这样的方式所掠夺。拉丁美洲很多国家在参与国际分工的过程中，正是受到了发达国家"剪刀差"的经济掠夺，导致经济发展长期增长缓慢。普雷维什同时指出，为改善在国际贸易中这样的劣势地位，发展中国家应积极采取应对措施，在保证自身不被国际社会所孤立的前提下，可运用关税等经济手段维护自身经济利益。同时，以工业建设为中心，尽快实现本国国民经济结构的调整，用工业化程度的提高来带动农业发展，从而改善农民收入状况。20世纪80年代，一些学者对该理论进行了丰富和发展。他们普遍认为，在工业等产业发展的同时，也应继续保持贸易额的稳健增长。由于发展中国家的出口产品普遍以劳动密集型产业为主，因此，可以通过贸易规模的扩大来促进经济增长，进而产生更多的就业机会，吸纳更多的农村剩余劳动力。政府应及时制定鼓励劳动密集型产业发展的扶持政策，吸引社会资本大量投入，使得经济增长的同时，农民的收入有所提高。

2.3.1.3 农户身份二重理论

农户身份二重理论由美国、西欧等一些学者于20世纪70年代提出。他们认为，学术界以往对农民收入的探讨，并未考虑到农民在市场中双重身份给其收入带来的影响。农民的生物属性决定他是农产品的消费者，农民的职业属性决定他是农产品的生产者。因此，一种农产品的市场价格上升时，农民的收入会随之上升，导致该农产品的剩余有可能是下降而不是增加，并且会反过来促进这种农作物的市场需求增长。在食品政策制定时，要考虑到食品价格的双重作用。农民将食品价格看做决定其收入的重要因素。农民作为食品的生产者，食品价格越高，促进农民生产该种食品的驱动力就越大；农民同时作为食品的消费者，食品价格的上升反过来又会削减农民的消费者剩余，这就使得食品政策制定对农民收入影响方向不明朗。所以，政策制定者应从生产者和消费者两种市场参与主体特征出发，制定更有针对性的农业政策，如农产品补贴、贸易政策、宏观经济层面的财政政策、预算政策、利率等，组成配套的食品政策，来帮助农民提高收入。与传统经济发展模式不同，"二战"后各国的经济发展速度很大程度上取决于国内各行业均衡发展的程度。每一个行业与其他行业之间都存在紧密的联系。行业与为它提供原材料的行业之间属于"前向关联"行业，与吸纳、接收本行业产出的行业属于"后向关联"行业。前、后向关联的行业越多，即关联链的长度越长，对国民经济的影响力越大，从业人员收入增长的途径也越多。工业产业的关联行业较多，以建筑业为例，"前向关联"包括设计、施工、钢材、水泥等行业，"后向关联"包括租赁、家具、装修等行业，对国家经济增长的影响较大。而农业产业基本只涉及农作物生产、农作物运输、农作物消费等三个关联链条，对国家经济增长贡献有限，从业人员收入增长途径较少。针对这种情况，发展中国家在集中力量发展建筑业等工业产业的同时，也应积极延伸农业产业的关联链条，如将农产品深加工、实现农业和工业的对接等，从而增加农民增收的途径。

2.3.2 农村金融相关理论

2.3.2.1 信贷配给理论

贷款配给是指有贷款需求的行为人，在提出贷款申请后，其申请未得到批准或仅有部分批准的情况。农户贷款配给的实质就是农户融资能力不强，不能通过向正规金融机构贷款的方式缓解或解决可支配资金不足的问题。这种状况使得在资本市场上借方可出借的资金小于贷方申请资金的总额，导致总有一部分贷款需求者的贷款需求无法得到满足，即出现资金短缺，一部分贷款申请者无法获得资金。这种现象很早就引起经济学家的关注，亚当·斯密在《国富论》中就介绍过利率与信贷配给之间的关系。凯恩斯认为，资本市场上借方资金与贷方需求之间缺口的大小是影响活跃在资本市场资金数量的主要因素之一。根据市场理论，信贷配给不会发生在健全的市场经济环境中，只会发生在运转出现不良状况的商品和服务市场上。

利率可以看做借贷市场中的资金借出价格。在市场经济体制不太健全的发展中国家，由于信贷配给现象的广泛存在，利率一直保持在低于市场均衡价格的水平上，这将导致高利贷等不良现象的出现，损害资本市场正常运转。一些学者认为，在理性经济人假设下，利率按照贷款使用事项预期可获得的最好情况来设定，才能够避免信贷配给现象的出现。一旦利率低于投资项目的预期收益，将产生信贷配给。随着研究的深入，又有很多学者指出，在资本市场上广泛存在着信息不对称，贷款人在申请贷款时可能故意降低对投资项目的预期收益估计，而资金借出方假设绝大部分贷款人不能按时还款，为弥补资金不能及时回笼所造成的损失，会有意抬高利率，逆向选择行为时有发生。由于贷款人意图投资的项目其具体收益无法在事前准确计算，因此，对资金借出方而言，操纵贷款利率长期低于市场出清的均衡水平，使得借贷市场上总有一部分人群的贷款意愿无法实现，保持借贷市场长期处于卖方市场状态，更有利于自身利益实现最大化。这样做的结果是导致信贷配给在资本市场上大面积存在，如果政府相关部门不加干预，由于资金需求方在市场上缺少话语权，贷款申请不能得到满足的人数将加速上升。Jeffee 指出，贷款申请数额也是导致一部分人群贷款申请无法通过的原因。研究表明，贷款人还款风险与其实际获得的贷款数额高度正相关。其获得的贷款数额越大，越容易出现不还款、不按时还款等违约现象。因此，金融机构或其他资金供给方出于控制资金风险的动机，不会过多涉及这方面的金融业务。

多数学者认为，以中国为代表的发展中国家由于相关制度不完备，导致农村金融市场的运行效率较低，许多农户尤其是贫困农户面临着贷款难、审批效率低下等问题。正规贷款约束的现象仍然相当普遍（Calum Turvey，2010）。"二战"前的相关研究结果表明，金融机构通过对利率的掌控和调节可以达到市场的均衡。但在石油危机爆发后，有学者指出，金融市场与一般的有形市场不同，广泛存在着交易周期过长、受经济发展影响大等特点，单纯依靠贷款利率来调节市场并不能保证市场运行效率。并且，在发展中国家正规贷款机构通常受到严格管制，如低利率、贷款配给和瞄准特定目标的贷款计划，利率对市场的调节能力有限。Jafee 和 Russlle 提出，金融市场交易中普遍存在信息传递失真、信息不对称等问题，这些问题的存在导致金融市场运行的低效率。一些学者认为，由于缺乏监管和制度约束，道德风险也影响金融市场效率的提高。信息不对称的存在，使得信息占有量较多的一方出于追求自身利益的最大化，在交易过程中有意蒙蔽和误导信息占有量较少的一方。当信息占有量较少的一方随着时间推移逐渐意识到自己的利益受损时，根据博弈论观点，该行为人在信息掌握程度不变的情况下将减少自己在市场中的交易行为，使得市场无法实现帕累托最优。就金融市场而言，资金借入方比资金借出方更清楚自己的还款能力、贷款用途等。而借出方往往没有足够的时间和精力了解借入方的相关信息，造成信息不对称现象。当资金借出方的利益在金融市场上多次被损害后，其参与市场交易的积极性会降低，导致贷款配给的产生。这种情况在发展中国家的一些金融监管不到位的地区大量存在。Stiglitz（1981，1990）认为，正是由于信息不对称问题不能得到良好的解决，发展中国家农村贷款市场才会产生贷款配给等低效率问题。并且进一步指出，在信息不对称的背景下，金融机构出于对风险控制的考虑，也会人为地进行贷款配给。虽然一些机构要求农户在贷款时提供抵押物，但也不能从根本上解决信息不对称的问题。

2.3.2.2 市场环境恶劣理论

市场环境恶劣理论形成于20世纪90年代，散见于多位经济学家的数百种学术论文及著作中。假设发展中国家的信贷市场为卖方占据优势的不完全竞争市场，广泛存在着信息不对称现象。在这种情况下，单纯依靠市场自身运行难以建立高效运转的金融市场，即存在着资源浪费以及市场失灵现象。因此，资金需求方的组织化等非市场因素在信贷市场交易中尤为重要。虽然在正规金融组织开展的信贷业务中，出于控制成本、工作环境、工作条件以及员工精力等方面的限制，银行、农信社等不具备获取贷款申请人全部或部分重要信息的能力，面临着道德风险的问题。但如果贷款申请人可以结成联保小组，同一个小组的不同成员相互之间可以进行较为全面的监督，对各个成员的较大规模融资项目进行详尽的评估，从而大大降低信息不对称所带来的危害。他们还指出，由于发展中国家农村金融市场发育不健全，需要政府相关部门对农村金融市场的运行加以干预。但与农业信贷补贴理论不同，本理论主要探讨如何消除在农村金融市场中的信息不对称及市场失灵现象，并且强调政府对农村金融市场的干预必须严格限制在市场失灵领域，对于运行相对正常的农村金融市场，政府不可横加干涉。同时，信贷模式的创新是提高发展中国家农户贷款可获得性的主要方法。与现实联系紧密的新型信贷模式可以有效解决农村金融市场的信息不对称问题，从而大大降低市场上的交易成本。因此，应大力呼吁政府有关部门出台扶持政策，大力支持农户在借贷行为发生时结成联保小组。正规金融组织在政策允许的范围内，应加大调研和创新力度，推出与本地区现实情况相符合的产品，提高农村金融对于农村经济发展的促进作用。

2.3.2.3 信用理论

农户的信用等级与其贷款行为之间有显著联系。在传统社会中，信用作为一种做人基本道德成为主流价值观的组成部分，被政府广泛宣传。信用要求人与人之间要诚实守信，不可彼此提防和陷害，更多是道德方面的要求与约束。在现代社会中，尤其是在经济领域里，信用已经成为一种十分重要的资源，直接关系到行为人的融资能力。马克斯·韦伯在其著作《新教伦理与资本主义精神》中指出："信用等于财富。"如今，无论是正规信贷机构还是非正规的民间资金往来，信用的作用都举足轻重。所不同的是：正规信贷机构是通过行为人的很多外化条件，参照行业内部的信用评级表，来估算行为人的信用等级；

非正规的民间资金往来主要是通过与行为人交流、了解、熟悉行为人在日常生活中的表现来进行信用评级。总而言之，正规金融机构的信用评级方式有序，而非正规金融机构的信用评级方式有效。

信用表现为行为人通过按时履行和他人约定的事情而获得的信任。具体到金融信贷角度，信用是债权人将钱款交给债务人时，对其能够按时按量还款所表现出的一种相信；债务人向债权人提出贷款申请时，对其能够遵守合约，不提前催款和提高利息的一种信任。信用是现代经济社会的基石，一个社会是否讲诚信，将直接关系到该地区的经济发展速度。当前，我国正处于由传统以血缘为基础的宗法社会向现代以信用为基础的契约社会转变。在社会转型期过程中，人口迁徙范围和频率较之以前有明显变化，一些农民独自离开家乡，在外地生活工作中由于没有亲戚、朋友的约束，思想上产生不守信用的想法，逐渐发生不讲信用的行为，并因此获得短期利益。当这种行为成为习惯被农民带回家乡后，逐渐影响到农村地区的社会风气，不利于农村地区经济发展，也不利于农村金融工作的开展。这表明在农村地区宣扬现代契约、将传统农户的诚实守信与现代社会的契约精神结合起来的必要性和紧迫性。我国学者黄祖辉（2002）指出，当信用、契约等精神真正深入人心时，农村信贷机构的扶贫效率会大大提高，农户的融资能力也会显著提升，将有力地促进农村地区经济发展。

2.3.2.4 国家扶持理论

国家扶持理论是 20 世纪末农村金融领域的主流理论之一，其基本假设分为两点：一是农村地区由于生产效率低下，多数农户收入状况较差，家庭资产和储蓄金额较少，面临较为严重的资金约束；二是农业生产风险较高，不确定性较大，其长远收益状况难以预计，无法吸引以获取最大利益为目标的社会资本大量进入。因此，政府相关部门应出台大量政策，降低农业投资的风险不可预测性，提高农业生产的单位回报率，促进和鼓励大量社会资本进入农村市场，帮助农业更好更快地实现现代化。就金融领域而言，就是要大力发展政策性金融，淡化农村金融组织的盈利性目标，为农户贷款提供一些更为优厚的政策，如降低贷款利率、降低担保标准等，提高农户的贷款可获得性，使得农村金融对于农户收入水平提高的促进作用得到更好的发挥。而金融组织由于推行惠农政策而导致的利润亏损，由政府以转移支付的方式进行补贴。一些学者认为，信贷补贴论能够很好地鼓励金融组织进入农村金融领域，激发农户贷款行为，带动农村地区经济增长。但也有很多学者指出，在亚洲的一些经济不发达地区，由于监管缺失等问题，政府制定的很多有利政策并不能真正让最需要帮助的农户享受到，很多优惠政策被家庭条件较好的农户或者在当地具有特殊社会关系的农户得到，一定程度上加大了农村地区贫富差距，激化了社会矛盾。还有一些学者指出，农业信贷补贴论本身存在着较为明显的缺陷：首先，如果农户能够较为轻易地获得贷款，其储蓄意愿会有显著下降，进而影响农村金融组织无法提供有效的资金供给；其次，由于农村地区居住地相对分散，信息闭塞，导致金融组织在农村地区推行金融业务的成本很高，而这些成本并不能全部依靠政府的转移支付来解决；最后，即使一些国家的政府加大对于农村金融组织的政策扶持力度，加大转移支付规模，使得农村金融组织的利益不受影响，但这样做的结果是导致农村金融组织缺乏监督农户按约定履行贷款合同的积极性，促使农户产生恶意拖欠行为，增加金融组织的负面资产。在我国东部地区20世纪90年代推广的农村金融组织专项补贴，后来也被实践证明，无法真正有效地促进农村地区经济增长和农户收入水平的提升。

2.3.2.5 金融体系统一理论

金融体系统一理论主张与国家扶持理论恰好相反，认为不应刻意强调农业生产的脆弱性和收益不确定性，使得政府对农村金融组织进行特殊的"帮助"，这样做只能使得农村金融组织更加依赖政府扶助，延缓其发展成为现代企业组织的进程，长期处于不成熟组织阶段。因此，应建立以市场为导向的现代农村金融服务市场。该理论的研究前提包括三个方面：一是农村地区储蓄率并不像信贷补贴论学者所宣称的那样小，调查显示，即使是经济极为落后的地区，农户储蓄行为仍然大面积发生；二是由于农村金融组织的贷款利率较低，直接导致存款利率也较低，使得农户在正规金融组织存款的积极性受影响，大量农户闲散资金流向民间借贷领域，为农村地区高利贷现象的产生提供了温床；三是在贷款可获得性较高的地区，农户很难意识到信用等现代市场交易要素的重要性，缺少按时还款的外部刺激因素，导致大量贷款无法回收，造成损失。基于以上假设，该理论指出，政府应正视农村地区存在正规金融组织和非正规金融组织两种资金或缺渠道这一事实，非正规金融组织的存在有其客观合理性，对该类型组织不应一味打压。在制定相关政策时，应设法将两种金融组织有机结合起来，充分发挥各自优势，最大限度发挥金融对农村经济增长的带动作用。该理论的优点在于将市场经济体制引入农村金融领域，使得农村金融组织能够更快地转变为现代企业组织。从长远看，这的确是农村金融组织发展的大趋势。该理论的不足之处在于，未对农村金融市场的特殊性有足够的认识。从现实情况来看，农村金融市场的确有其特殊性，不能完全依靠市场规律来调节。在完全市场化的农村金融市场，很多农户面临明显的贷款约束，导致其贷款需求长期无法得到满足。这也是政府必须介入农村金融市场运作的原因之一。

2.3.3 农户经济行为相关理论

2.3.3.1 农户贫富差异消除理论

农户贫富差异消除理论是西方学者的主要研究内容之一，其基本内容主要有三个方面：一是农民所有的生产劳动均由家庭成员完成，不存在雇工现象，农业收入是唯一收入来源；二是农产品除留作家庭自用外，其结余可以在市场上自由交易，价格不受政府管控，仅受市场规律影响；三是相对于农户对土地的需求量，土地的供给是无穷的，即农业领域不存在剩余劳动力。基于此，该模型的提出，从数理经济方面说明了农民与企业在追求利润最大化条件方面的不同。根据恰亚诺夫模型，在农业生产过程中，家庭成员年龄结构的差别会导致劳动边际产量的不同，进而导致生活在同一地区、人均耕地数目相同的农户收入存在差异，这些差异会影响农户家庭成员即农民的贷款行为。而在资本主义企业内部，由于生产技术的改良和产品销售方面的直接合作，使得每个工人的边际产量相同，都等于资本家付给他们的工资。因此，该理论认为，在消除农业生产资料供应差别、大力推广农业生产技术的同时，也应对不同经济条件农户的贷款行为加以引导，满足农户不同种类的贷款需求，消除农业领域的贫富差异。

2.3.3.2 金融心理学理论

一些学者认为，经济波动对人们的经济决策以及采取何种经济行为影响显著。在人与经济形势的相互影响、相互作用下，经济形势波动并不一定印证经济形势发展的本身，但一定体现着人群对经济发展过程中产生问题的看法和反应，体现绝大多数人对发生的经济事件会对他们未来造成何种影响的认识。虽然实践中证明人的经济行为是在理性的基础上进行的，然而发生在西方世界的很多突发经济事件也表明，市场往往是非理性的（如1636年荷兰郁金香崩盘事件、1929年美国股灾等），学者们对这些问题进行了长时间的研究，形成了金融心理学。与一般意义上所强调的传统西方经济学不同，金融心理学的研究前提不仅仅是理性人，还包括人的阅历、认知能力、知识储备对人决策行为的影响。西蒙在其著作《管理行为》中指出，由于人掌握信息的局限性，人类在决策时不是完全理性，而是有限理性的。人不追求最优结果，只追求满意结果，行为人所掌握的信息和所处的环境对其经济决策有显著影响。这种理论将心理学主要理论和概念引入经济学研究中，分析行为人在生活中所产生的不理性错误。

从心理学角度来看，人是理性思维与感性思维并存的一种高智能生物，总是在综合考虑了种种因素后，才具体实施各种行为。行为人的心理偏好、情绪、处事原则对其信贷决策有一定影响。从众心理、自我归因偏差等心态广泛存在于行为人内心中。与经典经济学理论主张的人随时随地保持清醒的头脑，完全理性地追求和保护自身的经济利益，把人看做机器一样精确的观点相比，金融心理学主张的人是社会人以及有限理性地追求和保护自身的经济利益的观点更加符合实际。

2.3.3.3 理性小农理论

理性小农理论由诺奖得主舒尔茨于1968年在其名著《改造传统农业》中提出。他认为，经过人类几千年的探索和实践，传统农业的各项生产要素之间的配置比例已达到均衡状态，其内部不存在生产扩大的基础。在人口大量增加的前提下，其生产规模仍然保持不变，发展停滞，收入水平长期无法提高。但这并不能说明从事传统农业的人员（即小农）经济行为欠缺理性，对整体经济形势漠不关心，无法了解市场运行情况，从而导致资源配置效率的不合理。实践表明，小农的经济行为也是理性的。世界各地的农民在农业生产活动中，几乎都会考虑成本、收益、利润、风险等经济特征，其考虑之细致、思考成果之准确完全不亚于从事其他行业的人群。在传统农业生产中，生产要素配置的无效率并不广泛存在，大部分要素配置的效率是很高的。也就是说，在大部分传统农业地区，农业生产的资源配置是有效而贫困的。利润最大化并不是说所有利润都必须以货币形式存在。农户在进行生产活动时，并不单纯考虑经济收益，其经济行为是在综合家庭发展、收入获取成本以及风险能否有效控制的基础上做出的，同时会对投入和产出做出合理的预期。舒尔茨认为，该理论对于农户经济行为研究领域的影响是里程碑式的。在这之前，很多相关理论都将农户定义为非理性行为人，认为其行为愚昧、顽固。他同时指出，农户对预期收入的估算能否准确，取决于其资源的充裕程度和市场运行的大环境。一些学者借鉴舒尔茨的理性小农理论认为，落后地区的农业生产是有效的，资源配置的效率并不比工业生产低。造成该地区农民贫困的状况另有原因。由于生产技术发展长期停滞，农业生产处于低水平循环状态，虽然利润水平很低，但农民已实现利润最大化，缺乏调整生产投入要素比例以获得更多收入的积极性。影响机理分析认为，在生产技术水平、生产要素价格相同的情况下，所有农户出于追求利润最大化的动机，使用相同的生产资料会得到相同的产出。现实生活中这样的状况几乎不存在，这主要是因为农户在做生产决策时还要考虑除市场外的其他因素，如家庭发展目标、居住地基础设施建设情况等。当生产要素市场价格波动时，农户对于在农业生产中所投入的各种生产要素会重新分配，并且会根据已有的经验和已获得的信息，对自身的经济收益做出合理预期。因此，20世纪五六十年代的学术界普遍认为，只有运用现代科技彻底改变农业生产技术，解放农业生产力，才能推动农业发展。与农业生产技术被高度重视形成鲜明对比的，是农民增收所面临的市场经济约束被严重忽视。出于理性小农假设，较之科学技术的进步，市场经济的波动更有可能刺激农户调整生产要素的投入比例，以获取更多的利润。由于农民个人经历和知识背景的差异，导致对市场波动现象做出不同的反应，从而产生利润实现程度不同的现象。因此，政府在推动农业科学技术向生产一线普及的同时，也应积极活跃农产品市场经济，诱导农民扩大再生产，发生贷款行为，改善农民收入。

2.3.3.4　理性行为理论

理性行为理论强调，人的行为可以划分为理性行为和非理性行为。在多数情况下，正常的行为人是理性的，其日常行为也大多可以被看做理性行为。行为人的理性行为依据发生步骤的先后顺序可以被划分为"感知—思考—行动"三个阶段。在感知阶段，行为人会依据自身的感受和习惯，发现在当前条件下自身所存在的问题。此时，行为人对问题的看法和态度极为重要。在面对相同问题时，不同行为人由于在思想意识、固有观念以及对问题所产生后果的不同预计等方面的差异，会直接影响理性行为下两个步骤的发展。当行为人感觉到问题的存在后，会进入思考阶段。在本阶段，行为人会依据自身已有条件，具体分析解决问题的途径。行为人对于自身已有条件的认知程度和对问题解决途径效果的判断力是决定其行动阶段成果的关键影响因素。当行为人完成思考阶段后，其理性行为进入到行动阶段，本阶段与前两个阶段的最大不同，是其具体内容可由其他行为人直接观察。行为人在行动阶段的具体表现，直接影响着其整个理性行为的最终结果。随着行动阶段的完成，理性行为也随之结束。理性行为理论的研究对象是人的具体行为，即日常生活中能够为他人所观察到的举止行动。在客观实践中，有些行为人意识到问题的存在，在经过思考后，由于种种主客观条件的限制未产生具体行动，这只能被称为是行为人的理性决策，不能称之为理性行为，不属于理性行为理论的研究范畴。

2.3.3.5 农户风险过分厌恶理论

主流观点认为，农户普遍具有风险规避倾向。同时，在以中国为代表的发展中国家，市场经济运行不规范，暗箱操作、信息不对称等问题大面积存在，加之农作物生长所面临的自然气候风险，使得农户的生产经营活动存在着较多不确定因素。出于对风险的过分厌恶，多数农户在日常生活中无法做出最优决策，其决策往往是次优的（Wolgin，1975）。这种现象导致农业生产长期无法实现利润最大化，也导致一些已经被实践证明对提高农户收入具有促进作用的新技术、新型农作物品种甚至是新的观点难以在农户中推广，客观上延缓了农户致富的步伐，使得一部分农户的贫困状态长期无法得到根本性改善。

依据理性人假设，农户是追求利益最大化的农村基层组织。当考虑风险变量时，农户会修改在不考虑风险时的生产计划和生产目标。由于农户的风险厌恶属性，导致农户生产作业的低效率和自然资源、社会资源的浪费。一些学者（Norman，1974）指出，伴随着农户财产积累的增加，其对风险的厌恶程度呈现倒"U"型关系。在农户经济状况极差时，往往敢于冒险，因为冒险失败所带来的危害较小，而一旦冒险成功，则能够获得较多的收益。当农户财产积累已经足够多时，其冒险精神也较强，这主要是因为冒险失败所带来的损失农户已经可以承受。只有当农户有一定财产但财产积累不多时，农户不愿意冒险。因为一旦冒险失败，会导致农户失去已有资产，重新回到贫农行列。在现实生活中，多数农户处于有资产但资产积累数量较少阶段，大多担心失败，不愿冒险。因此，政府在制定农村金融政策时，应考虑到多数农户不愿冒险的事实，否则难以取得预期效果。

2.3.4 理论启示

通过以上对农民收入理论及农民贷款行为理论的回顾可以发现，多数理论认为，农户是理性的，会根据自身的经济情况以及所处地区的市场发展状况来决定各自的经济行为。但农民理性并不是讲在借贷市场上农民的行为时时理性、事事理性。在特定情况下，农民持续受到某一方面信息的反复刺激，会做出非理性的贷款行为。因此，在研究农民贷款行为时，需要在能够影响其贷款行为的众多因素中探究最主要的影响因素，合理的解释其贷款行为，为有关部门制定相应的扶植政策、优化农村地区金融资源配置提供参考。同时，依据理性行为理论，将农户贷款行为分为起始阶段—决策阶段—实施阶段是客观可行的。多数理论指出，鉴于农业生产对于社会稳定的特殊性和农民收入获取的不稳定性，需要政府直接或间接地对农民进行政策倾斜，帮助其更好更快地提高收入水平。直接的政策支持主要是对农民进行资金方面的帮助，如加大对农作物生产的补贴力度、根据各地区农村的不同经济情况制定相应税收政策等；间接的政策支持主要是为农民提供除资金方面以外其他方面的帮助，如加强农村地区基础设施建设力度、想方设法提高农民人力资本存量等。

当前学术界对农村金融的发展与提高农民收入、促进农村经济增长之间的相关关系已有较为统一的看法，而农民贷款的可获得性可以被看做某一地区农村金融的发展程度。但需要指出的是，在不同国家和地区，由于经济发展水平的不同，相同的农村金融政策会对当地经济产生不同的促进作用。在某些情况下，相同的金融政策作用于不同经济发展阶段的地区，甚至会产生完全相反的结果。因此，在制定金融政策时，既要借鉴其他地区的经验，又要一切以现实情况为依据。在农村金融市场的客观实践中，由于信息沟通渠道的不畅以及借贷双方的相互信任缺失，导致信息不对称、道德风险以及逆向选择等问题长期大面积存在，造成很多农民的信贷需求难以得到满足，延缓了农村金融的发展进程和农民收入水平提高的速度。同时，由于发展中国家农业人口较多，使得农村金融市场长期是卖方市场，农民在市场上属于弱势一方。因此，需加快农村金融机构的贷款政策创新，如推动农民结成联保小组等，优化农民的资金借贷市场环境，有效解决信息不对称等问题，降低市场交易成本，提高农民的贷款可获得性。

2.4 本章小结

通过本章分析可以看出，农户收入是影响其贷款行为的主要因素这一观点在理论界已得到广泛认同。然而，关于农户收入的众多内生因素如收入充足性、收入稳定性等如何作用于农户贷款行为的研究还较少，因此，以收入质量为视角研究农户贷款行为显得很有必要。此外，本章对于农户收入质量和贷款行为进行了概念界定，初步构建了农户收入质量体系和贷款行为体系，并对收入质量内部各维度与收入质量关系以及收入质量如何影响贷款行为的逻辑体系进行探讨，随后章节将对收入质量不同维度如何影响丝绸之路沿线省份农户贷款需求、贷款用途、贷款渠道、贷款可获得性以及还款期限开展进一步探讨与研究。

第3章

丝绸之路沿线省份农户收入质量与贷款行为特征分析

当前已有的农户收入数据和农户贷款行为数据多来自国家统计年鉴、各年度农信社的业务开展年度报告以及其他学者的调研数据收集。这些数据虽然具有一定的参考性,但具体到丝绸之路沿线省份农户收入质量五维度的详细状况以及农户贷款行为各个阶段的现状,以上数据显得针对性不强。本章通过实地调研及应用784份有效样本数据,着重考察丝绸之路沿线省份农户收入质量五维度现状及农户贷款行为各个阶段特征,以便真实反映丝绸之路沿线省份农户收入质量和其贷款行为之间的关系。

3.1 调查问卷设计及数据来源

3.1.1 问卷设计

依据本书研究方案要求,调研问卷主要由农户收入质量特征、农户基本特征以及农户贷款行为特征三部分构成。为方便数据收集工作的开展,所有问题均采用定距数据和定序数据相结合的方式定义数据结构。

(1) 农户收入质量特征。农户收入情况是影响其贷款需求的重要因素,也是本书研究的着眼点。根据前文有关农户收入质量的定义,问卷中有关农户收入质量的内容主要由以下五部分组成:一是农户收入充足性特征,通过样本近三年年均家庭收入数量、家庭近三年收支情况及家庭储蓄情况反映;二是农户收入稳定性特征,包括农户务工收入波动程度及农户务农收入波动程度,以及影响农户务工收入的内生性因素（农户务农收入波动程度主要受天气情况、市场需求等外生因素影响，内生影响因素较少）；三是农户收入结构性特征，通过农户务工收入占家庭总收入比例、务农收入占家庭总收入比例、转移性收入占家庭总收入比例和财产性收入占家庭总收入比例反映；四是农户收入成本性特征，包括农户务农需要投入的种子、化肥、浇地、收割、农产品运输等务农成本以及农户家庭中农民工外出工作求职成本、生活成本和日常工作成本等；五是农户收入知识性方面，包括农户家庭主要劳动力的受教育程度和工作技能两个方面。

（2）农户基本特征。鉴于贷款行为对农户日常生活的重要影响，多数农户是在综合考虑包括收入特征在内的其他个人和家庭特征的基础上进行决策的。因此，在考察农户收入特征如何影响其贷款行为的同时，农户的个人和家庭特征等其他因素对于其贷款行为的影响也不应忽视。参考已有的研究，本书认为，除农户收入状况外，农户户主性别、年龄、家庭已有资产价值、家庭人口数量、农户社会关系等因素也会对其贷款行为造成影响。因此，在问卷设计中加入若干问题体现样本在这些方面的基本情况。同时，鉴于农户务工状况对于其家庭生活的影响逐渐显著，本书还对样本务工状况进行了考察。

（3）农户贷款行为特征。包括是否有贷款需求、贷款用途、贷款渠道、贷款可获得性以及还款期限等。其中农户贷款可获得性采用直接询问的方法询问农户申请贷款的结果。即询问农户申请的贷款金额和实际获得的贷款金额，通过两者间的比值来反映其贷款行为的最终结果。

3.1.2 数据来源

本书研究所用的调研数据来自作者近些年在陆上丝绸之路和海上丝绸之路相关省份的调研。与从事现代化工业工作的工人不同，由于农业生产的复杂性和工作任务的繁重性，需要农户家庭成员之间相互帮助、相互协作，在生产过程中农民不自觉地产生家庭成员集体劳作的状态，久而久之，会对农民的心理产生影响。与城镇居民相比，农民更加在意自身行为会给家庭成员造成的物质影响和心理感受，这是传统农业社会与现代社会之间的主要不同点。因此，农民在决策时考虑的因素和城镇居民也不尽相同，其行为逻辑也有很大差异。农民在做经济行为决策时往往不是从满足自身利益最大化的角度出发，而是从家庭或家族整体利益最大化出发。当自身利益和家庭、家族整体利益不一致时，农民会在很大程度上牺牲自身利益，以使家庭获得更多的利益。同时，农民在决策时，家庭其他成员的意见对其也会产生巨大影响。因此，在对农村金融进行研究时，需要考虑到农村地区广泛存在的生活习惯，将农户作为最基本的决策单位，而不是将农民个人作为最基础的金融市场参与者。而在农村家庭中，户主既是农户生产过程中的主要参与者，又是家庭日常生活中的主要决策者和管理者（白菊红，2004），考虑到户主在农村家庭事务中所具有的特殊影响力，本书的调研对象均为户主。

3.1.3 调查方法

本次调研采取普遍调查和典型调查相结合的方式进行。普遍调查即在选取的五个省范围内，选取一定的地区抽取调研样本，并进行面对面访谈式问卷调查。在农村地区选取抽样样本时，主要依据样本的住房状况估计样本的收入情况，平衡住砖混平房、土坯房以及砖混楼房之间的样本比例。在城市选取调研样本时，尽量在农户从事各主要工种之间进行样本数量平衡。大部分所得数据都是通过这样方式获得。典型调查即在了解调研地区农户基本情况的基础上，选择具有一定特征的农户（如开办工厂、承包大量耕地、家庭成员中没有农民工等）进行专门调查，以增加样本的代表性。

3.2 调研样本基本特征

户主年龄分布方面，年龄在40~55岁之间的样本最多，达40.4%；25岁以下的样本占样本总量的4.0%；55岁以上的样本占26.7%。户主性别方面，绝大多数户主为男性（89.4%）。样本社会关系方面，75.9%的样本表示没有亲朋在农信社等正规金融组织工作。农户家庭资产价值方面，有61.6%的样本表示家庭资产总价值在10万元以下，有15.9%的农户表示总价值在15万元以上。家庭人口规模方面，样本农户中家庭人口一般在3~6人间（60.3%），很少有农户超过8人。平均每户拥有18岁以上65岁以下的劳动力2.87人，其中，男性劳动力1.98人。家庭土地规模方面，42.7%的样本表示家庭土地规模在2亩以下，26.5%的样本表示土地规模在5亩以上，2.6%的样本表示土地规模在10亩以上，5.7%的农户表示租种了别家的土地，租金为每亩500~800元不等。对金融组织贷款政策的认知程度方面，表示不了解的农户占样本总数的76.7%，表示了解的样本为23.3%（见表3-1）。

表3-1　　　　　　　　　　样本基本特征

变量名称	选项	频数（人）	百分比（%）
户主年龄	25岁以下	32	4.0
	25~40岁	227	29.0
	40~55岁	317	40.4
	55岁以上	209	26.7
户主性别	男	702	89.4
	女	83	10.6
家庭资产价值	0~5万元	200	25.5
	5万~10万元	283	36.1
	10万~15万元	176	22.4
	15万元以上	125	15.9
社会关系	有	190	24.1
	无	595	75.9
家庭人口规模	3人以下（含3人）	166	21.0
	3~6人	473	60.3
	6人及以上	146	18.6
家庭土地规模	2亩以下	335	42.7
	2~5亩	241	30.7
	5亩以上	209	26.5
户主对贷款政策的了解程度	不了解	601	76.7
	了解	183	23.3

资料来源：作者实际调研所得。

此外，调研还发现，农民外出务工现象大面积存在，95%左右样本都有数量不等的家庭成员外出务工，家庭成员全部在家务农的农户已极为罕见。调研结果表明，家庭主要劳动力近三年年均在外务工时间在3个月以下的占29.6%，3~6个月的占22.8%，6~9个月的占27.7%，9个月以上的占

19.9%。务工地点分布方面,在本县务工的样本为18.2%,本市外县务工的样本为20.4%,在本省外市的样本为31.7%,在省外的占29.7%,在国外的样本为0。样本从事行业呈现多元化分布,从事建筑业的样本占37.2%,从事采矿业的占7.3%,从事交通运输业的占20.5%,从事加工制造业的占18.6%,其余为服务业等其他行业。调研中还发现,同一家庭的农民工所从事行业大多一致。获取求职信息渠道方面,72.1%的样本表示为熟人或亲戚介绍,23.3%的样本表示是通过企业的招工或招聘信息获得工作,市县政府安排的占2.8%,其余为中介机构有偿介绍(1.8%)(见表3-2)。

表3-2　　　　　　　　　　样本务工特征

变量名称	选项	频数(人)	百分比(%)
年均务工时间	3个月以下	223	29.6
	3~6个月	171	22.8
	6~9个月	208	27.7
	9个月以上	150	19.9
务工地点	本县	137	18.2
	本市外县	153	20.4
	本省外市	238	31.7
	外省	224	29.7
	国外	0	0.0
从事行业	建筑业	280	37.2
	服务业	123	16.4
	交通运输业	154	20.5
	加工制造业	140	18.6
	采矿业	55	7.3
获取求职信息渠道	亲朋介绍	542	72.1
	企业发布信息	175	23.3
	政府安排	22	2.8
	中介机构	13	1.8

资料来源:作者实际调研所得。

3.3 农户收入质量特征

3.3.1 收入充足性特征

调研结果如表3-3所示,丝绸之路沿线省份农户整体收入数量还较低,收入水平有待提高。16.6%的样本表示年收入在2万元以下,42.7的样本表示近三年年均收入数量在2万~4万元,年收入在4万~6万元的样本为26.8%,13.9%的样本年均收入在6万元以上。总体来看,丝绸之路沿线省份农户的收入水平低于国家统计局公布的全国农民收入平均水平。样本收支状况方面,少数样本表示收大于支。43.9%的样本表示近三年收支基本相等,表示略有积蓄的占21.2%,支大于收的占34.9%。样本储蓄情况方面的调研结果表明,储蓄现象广泛存在但储蓄金额不高。多数农户生活节俭,休闲、娱乐等支出较少,而是将收入扣除人情往来、子女上学、房屋加固等必要支出后的结余全部用来储蓄。然而调研发现,多数农户的储蓄金额大多不高,这与农户本身收入水平较低有关。表示家庭存款总金额在2万元以下的样本为60.5%,2万~5万元的样本为30.0%,5万元以上的样本为9.5%。储蓄目的多为应对日常生活支出。农户储蓄的目的调查中,表示为应对子女就学的样本占38.5%,为应对医疗支出的占30.6%,为建设新房和房屋加固的占14.8%。以生产型支出为目的的储蓄(如攒钱购买大型农用机械等)占8%,7.9%的样本表示储蓄目的是为赚取利息。这表明,农户的金融投资观念较弱,大部分储蓄行为是单纯的"攒钱"行为。同时也表明,医疗费用和教育费用对农户构成较大的经济压力。

表3-3　　　　　　　　　　样本收入充足性特征

变量名称	选项	频数(人)	百分比(%)
样本近三年年均收入数量	2万元以下	130	16.6
	2万~4万元	333	42.7
	4万~6万元	210	26.8
	6万元以上	109	13.9

续表

变量名称	选项	频数（人）	百分比（%）
近三年样本收支情况	入不敷出	274	34.9
	收支相等	344	43.9
	收大于支	166	21.2
样本储蓄情况	2万元以下	474	60.5
	2万~5万元	235	30.0
	5万元以上	74	9.5

资料来源：作者实际调研所得。

3.3.2 收入稳定性特征

调研结果显示，农户务农收入稳定程度高于务工收入稳定程度。近半数样本表示三年内务农收入无显著性变化，27.7%的农户表示务农收入下降10%以上。务工收入稳定性方面，四成左右样本表示近三年内无显著性变化，32.3%的样本表示近三年务工收入上涨10%以上。

为考察农户收入稳定性尤其是务工收入稳定性的内生影响因素，在调研中还加入了近三年换单位频率、近三年换行业频率、就业类型和务工年限四个问题。一般而言，农户务工年限越长，积累的工作经验越多，工作心态越平和，其收入稳定性应该较好；换单位和换行业的次数越频繁，其收入稳定性应该越差；不同的就业类型会直接影响岗位稳定程度，进而影响农户收入稳定性。调研结果如表3-4所示，外出务工农户换单位频率高于换行业频率。49.7%的样本表示家庭主要劳动力近三年换单位次数在3次以上，21.1%的样本表示没有换过单位。调研中发现，导致农户换单位的原因较多，除农户自身工作能力过高或过低有可能导致换工作行为发生外，还有就业环境、就业地点、整体经济运行环境以及家庭状况等因素。近三年换行业次数在3次以上的样本为20.1%，1~2次的样本为19.5%，没有换过行业的样本为60.4%。需要说明的是，本研究所指的换行业次数是指行业大类，如样本从从事建筑业转化为从事采矿业或运输业等。行业大类内部的转化则不被计算在内，如样本从搬运建材转化为砌墙等。这主要是因为，很多务工者的工作技能比较全面，但专业度不强，强行划分其在行业大类内的劳动内容变化的做法缺乏现实意义。就业类型方面，表示就业类型为临时工的占37.5%，合同工占62.5%，没有样本为正式工。这种现象与我国很多企业的管理机制有关。长期以来,由于种种客观因素的限制,很少有农民工能够有机会成为有编制的正式工。由于我国法律工作者多年来的广泛宣传,与用人单位签订合同的观念已经普及,大多数被访者都与用人单位签有合同。务工年限方面,农户务工年限普遍较长。调研显示,务工年限大多在7年以上,3年以下的样本为12.6%,3~5年的样本为15.3%,5~7年的样本为21.2%,7~9年的样本为23.5%,9年以上的样本为27.4%(见表3-4)。

表3-4　　　　　　　　　样本收入稳定性特征

变量名称	选项	频数(人)	百分比(%)
近三年家庭总收入波动情况	上升10%以上	334	42.5
	正负10%以内	268	34.1
	下降10%以上	183	23.4
家庭主要劳动力换行业频率(近三年)	没有	474	60.4
	1~2次	153	19.5
	3次以上	158	20.1
家庭主要劳动力换单位频率(近三年)	没有	166	21.1
	1~2次	229	30.1
	3次以上	390	49.7
就业类型	临时工(口头协议)	287	37.5
	合同工	478	62.5
	正式工	0	0
家庭主要劳动力务工年限	3年以下	99	12.6
	3~5年	120	15.3
	5~7年	166	21.2
	7~9年	185	23.5
	9年以上	215	27.4

资料来源:作者实际调研所得。

3.3.3 收入结构性特征

前文分析表明,当前我国农户的收入主要由四部分来源构成,分别是务农收入、务工收入、转移性收入（政府各项补贴、津贴等）以及财产性收入（财产继承、房屋租金等）。调研结果显示，务工收入已成为农户收入的重要来源。51.3%的农户表示务工收入占家庭总收入的70%以上，表示占总收40%以下的为27.8%，40%~70%的样本为20.9%。农户收入其次来源于务农收入。调研样本中，21.1%的农户表示务工收入占家庭总收入的70%以上，表示占总收40%以下的为19.9%，40%~70%的样本为52.0%。调研同时发现，转移性收入占家庭总收入比重较小，96.7%的样本表示没有财产性收入（见表3-5）。

表3-5　　　　　　　　样本收入结构性特征

变量名称	选项	频数	百分比
务工收入占家庭总收入比重	40%以下	218	27.8
	40%~70%	164	20.9
	70%以上	402	51.3
务农收入占家庭总收入比重	40%以下	408	52.0
	40%~70%	156	19.9
	70%以上	221	21.1
转移性收入占家庭收入比重	40%以下	766	97.5
	40%~70%	19	2.5
	70%以上	0	0.0
财产性收入占家庭收入比重	40%以下	772	98.3
	40%~70%	13	1.7
	70%以上	0	0.0

资料来源：作者实际调研所得。

研究发现，由于转移性收入较少，多数农户并不刻意将其看做一种收入来源渠道，而将其视作务农收入，因此，只认为自己具有两种收入来源渠道，即务工收入所得和务农收入所得。这客观上造成变量务工收入占家庭总收入比重和务农收入占家庭总收入比重具有很强的相关性。本书在后续的研究中，尤其是在计量分析研究中，不再将农户务农收入占家庭总收入比重作为农户收入结构性指标进行考察。同时，由于转移性收入占家庭收入比重和财产性收入占家庭收入比重均较低，在后续研究中也不再研究这两项指标对于农户贷款行为的影响。

3.3.4 收入成本性特征

调研结果如表3-6所示，丝绸之路沿线省份农户务工成本主要由求职成本、日常工作生活成本和沉没成本组成。求职成本主要表现为交通费用，34.8%的样本求职交通费101~300元之间，90%以上的样本表示没有自我包装费、求职中介费、请客送礼费等支出，说明当前农民工工作机会较多，工作机会获取相对容易。农户日常工作成本主要表现为房屋租金费、食品及交通费、年生活用品及休闲费用、税费等。43.3%的样本年生活用品及房屋租金费在1000~2000元之间，年食品及交通费在301~600元之间的样本达22.9%，9.5%的样本表示年生活用品及休闲费用支出在400元以上，税费支出在101~300之间的占样本总量的29.4%。90%以上的农民工表示没有培训及书籍方面的支出，说明农户对通过正规培训或借助书籍提升自身能力的意向不足。农户务工健康成本较普遍。71.5%的样本表示工作对健康有损害或损害较大，因此，不可忽视对农民工职业病的防治。农户务工沉没成本是借鉴会计学有关概念，指为获取收入所必须花费但却不随收入变动而发生变化的支出。本书所定义的农户收入沉没成本主要包括亲情成本和意外损失两项。亲情成本，是指农户家庭成员常年不在家，不能与其他家庭成员经常见面、交流，而带来的心里焦虑、压抑等不良心理现象。在调研过程中，几乎所有具有农民工的农户家庭都表示会思念在外务工的家庭成员，可见亲情成本的广泛存在性。表示家庭主要劳动力一年只能回1次家的样本为37.2%，2~3次的为27.9%，3~5次的为15.7%，5次以上的为19.2%，近三年意外损失方面，多数样本表示会发生此类成本，但一般数额较小。表示年均损失在100元以下的样本为67.5%，100~500元的样本为23.1%，500~1000元的样本为7.2%，1000元以上的样本为2.2%。农户务农成本方面，生产规模较小的农户务农成本主要指购买种子、化肥、农药等支出，农业生产规模较大的农户务农成本多表现为农作物灌溉费用，以及采摘、收割费用等。

表 3-6　　　　　　　　　　样本收入成本性特征

变量名称	选项	频数（人）	百分比（%）
求职往返交通费	50 元以下	245	31.2
	50~100 元	128	16.3
	101~200 元	123	15.6
	201~300 元	150	19.2
	300 元以上	139	17.7
生活用品及房屋租赁费/年·元	1000 元以下	403	51.3
	1000~1500 元	187	23.8
	1501~2000 元	153	19.5
	2001~2500 元	61	7.8
	2500 元以上	31	3.9
食品及交通费/年·元	300 元以下	238	30.3
	300~600 元	180	22.9
	601~900 元	164	20.9
	901~1200 元	104	13.2
	1200 元以上	99	12.6
税费/年·元	100 元以下	336	42.8
	100~300 元	231	29.4
	301~500 元	128	16.3
	500 元以上	90	11.5
休闲费/年·元	100 元以下	342	43.6
	100~200 元	152	19.3
	201~300 元	118	15
	301~400 元	98	12.5
	400 元以上	75	9.5
健康成本	没有损害	224	28.5
	损害一般	329	41.9
	损害很大	232	29.6

续表

变量名称	选项	频数（人）	百分比（%）
近三年意外损失	100元以下	530	67.5
	100~500元	181	23.1
	501~1000元	57	7.2
	1000元以上	17	2.2
年均回家次数（亲情成本）	1次	292	37.2
	2~3次	219	27.9
	3~5次	123	15.7
	5次以上	151	19.2

资料来源：作者实际调研所得。

3.3.5 收入知识性特征

户主受教育程度方面，20%左右样本户主受教育程度达到高中及以上。根据调研结果，最高教育水平为小学及以下的样本占41.2%，初中的占37.6%，高中的占14%，大专及以上的占7.1%。工作技能方面，大部分样本表示工作技能水平较低（47.4%），表示工作技能水平一般的样本占31%，技术含量较高的占21.6%（见表3-7）。

表3-7　　　　　　　　样本收入知识性特征

变量名称	选项	频数（人）	百分比（%）
户主受教育程度	小学	323	41.2
	初中	295	37.6
	高中	110	14
	大专及以上	56	7.1
工作技能水平	技术含量较高	169	21.6
	技术含量一般	243	31
	技术含量较低	371	47.4

资料来源：作者实际调研所得。

3.4 农户贷款行为特征

3.4.1 贷款需求特征

在所有样本中，有 465 个样本表示有贷款需求，占调研总量的 60.2%。在不具有贷款需求的样本中，42.2% 的样本表示自有资金充足，没有必要贷款；26.2% 的样本表示虽然自有资金不足，可支配资金数量较小，但顾虑贷款需支付的各种成本以及损失抵押物的风险，更倾向于依靠自身能力（如外出务工等）解决资金困难；14.9% 的样本认为没有足够的社会关系，即使申请也无法获得贷款；12.2% 的样本表示农信社等金融组织距离居住地较远，交通不便；4.5% 的样本表示金融组织服务较差，不愿去申请贷款（见表 3-8）。调研发现几乎所有农户近三年内都面临过资金短缺的情况，贷款意愿普遍存在。这表明，我国传统农业自给自足的生产模式已经被打破，农户对于贷款行为的态度由原先的排斥逐渐转变为认可，进而演变为参与。越来越多的农户希望通过获取贷款来提高自身的生活水平。同时也说明，我国农村地区正发生着巨大的变化，正处于传统的生产方式及观念解体，新的生产方式及观念逐渐建立的阶段。

表 3-8　　　　　　　　　　样本贷款需求特征

变量名称	选项	频数（人）	百分比（%）
是否具有贷款需求	是	465	59.2
	否	320	40.8
样本不产生贷款需求的原因	自有资金充足	134	42.2
	担心丧失抵押物	84	26.2
	担心贷款行为失败	48	14.9
	交通不便	39	12.2
	服务态度恶劣	15	4.5

资料来源：作者实际调研所得。

3.4.2 贷款用途特征

465 个有贷款需求的样本中,有 173 位表示贷款用途为生产型贷款需求,其余样本均表示贷款需求为非生产型。具有生产型贷款需求的样本其贷款用途大多集中在农业生产领域或农产品加工领域,涉足非农业领域投资的样本较少;具有非生产型贷款需求的样本其贷款用途大多表现为新建住房或房屋加固、子女教育、医疗支出等(见表 3-9)。

表 3-9　　　　　　　　　　样本贷款用途特征

变量名称	选项	频数(人)	百分比(%)
贷款用途种类	生产型	173	37.2
	非生产型	292	62.8
生产型贷款用途分类	农业规模化种植	110	63.6
	农产品营销、加工	42	24.3
	运输业	13	7.5
	居民服务业	5	2.9
	餐饮住宿业	3	1.7
非生产型贷款用途分类	新建房屋或加固	56	19.2
	医疗支出	116	39.6
	子女教育支出	103	35.6
	人情往来支出	17	5.6

资料来源:作者实际调研所得。

农户贷款用途表明,丝绸之路沿线省份大部分贷款需求为应对子女教育和医疗支出等刚性支出(即支出金额"商量"余地较小)。这也从侧面表明城乡二元经济结构对农户收入影响较大,这些支出金额对农户来说过高,农村地区教育公平问题和医疗保险、大病统筹问题突出,需要政府统筹解决。农户愿意为子女教育支出进行借款的行为说明,得益于国家有关部门多年的积极宣传,农户对教育的重要性已有了深刻见解。在调研中还发现,农户教育支出受子女性别的影响已不显著。在一个家庭中,男童和女童一般享有相同的教育机会。这说明在丝绸之路沿线省份农村,一些传统陋习思想的影响力已逐渐消失。

3.4.3 贷款渠道特征

贷款渠道方面：当假设向正规金融组织和非正规金融组织贷款均能得到批准时，97.5%的样本表示倾向选择正规金融组织借款；当不设立该假设时，182个样本选择通过正规渠道融资，283个样本倾向选择通过非正规渠道融资。正规贷款渠道中，多数样本选择向农信社和中国农业银行贷款，选择其他商业银行贷款的样本较少。非正规贷款渠道中，调研样本普遍表示不会考虑向民间高利贷组织贷款，大多是向亲戚、朋友等人群贷款。这表明在丝绸之路沿线省份农村民间高利贷组织的影响力较低。调研还发现，多数农户对贷款利息的关注度较低。在被问及"选择贷款渠道时最在乎哪种因素"时，34.8%的样本表示最在乎"放款周期"，选择"还款期限"的为25.0%，且多数样本表示还款期限越长越好。选择"贷款上限"的为23.4%，选择"贷款利率"的为16.8%（见表3-10）。

表3-10　　　　　　　　　　样本贷款渠道特征

变量名称	选项	频数（人）	百分比（%）
贷款渠道	正规渠道	182	39.1
	非正规渠道	283	60.9
正规贷款渠道分类	农信社	106	58.2
	农业银行	62	34.1
	其他商业银行	14	7.7
非正规贷款渠道分类	亲戚	192	67.8
	朋友	89	31.4
	民间高利贷	2	0.8
选择贷款渠道时的最主要参考因素	放款周期	162	34.8
	还款期限	116	25.0
	贷款上限	109	23.4
	贷款利率	78	16.8

资料来源：作者实际调研所得。

3.4.4 贷款可获得性特征

182 个向正规金融组织提出贷款申请的农户中，36.9%的样本获得贷款金额占申请金额的 50%以上，63.1%的样本获得贷款金额占申请金额的 50%以下（含未获得贷款）。283 个向非正规金融组织提出贷款申请的农户中，50.6%的样本获得贷款金额占申请金额的 50%以上，49.4%的样本获得贷款金额占申请金额的 50%以下（见表 3-11）。

表 3-11　　　　　　　　　　样本贷款可获得性特征

变量名称	选项	频数（人）	百分比（%）
农户正规贷款可获得性	51%~100%	67	36.9
	0~50%	115	63.1
农户非正规贷款可获得性	51%~100%	143	50.6
	0~50%	140	49.4

资料来源：作者实际调研所得。

3.4.5 还款期限特征

调研结果显示，农户还款期限普遍较短。农户正规贷款的还款期限多为 1~3 年，非正规贷款的还款期限大多集中在 1 年以下，还款期限为 3 年以上的农户较少。两种贷款渠道的还款期限综合来看，近半农户贷款期限不超过 1 年（48.6%），这主要是受农作物生长周期和传统观念中当年账当年清的影响。34.3%的样本表示还款期限为 1~3 年。17.1%的样本表示还款期限在 3 年以上（见表 3-12）。文献综述中表明，还款期限较长的贷款用途容易受到农户的青睐，这与本章调查的农户还款期限的实际情况之间似乎相悖。原因在于，大部分样本表示与农信社等金融机构约定的还款期限越短，还款压力越大，因此希望还款期限越长越好；而获得款项后，则希望尽快还清贷款，以摆脱由于贷款给自己和家人带来的心理压力。这表明，大部分农户认为贷款行为是一种会给人带来"心理压力"的行为，甚至有些样本表示贷款行为说明贷款人的"生存能力较差"，往往并不将贷款行为看做一种正常的经济行为。这也无形中提高了农村地区生产型贷款行为发生的阈值。

表 3-12　　　　　　　　　　样本还款期限特征

变量名称	选项	频数（人）	百分比（%）
农户还款期限	1 年以内	181	48.6
	1~3 年	126	34.3
	3 年以上	66	17.1

资料来源：作者实际调研所得。

3.4.6 贷款行为其他特征

样本贷款规模方面，11.3% 的样本表示贷款数额在 5000 元以下，23.6% 贷款规模在 5000~10000 元，35.2% 的样本表示在 10000~30000 元，29.9% 的样本表示贷款规模在 30000 元以上。

样本还款率方面，根据调研结果，样本还款率较高，75.4% 的样本表示已还清贷款，22.7% 的样本表示虽未还清贷款但已还了一部分，仅有 1.9% 的样本表示贷款未还完且不打算还款。这表明丝绸之路沿线省份农户还款积极性普遍较高。

样本贷款时间方面，农户贷款呈现明显季节性变化特征。多数农户的贷款申请发生在春季和秋季。这主要由于春秋季属于子女就学时节，农户有硬性资金支出，并且春秋季气候与天气宜人，农村地区建房等大型建设项目开工较多，农户容易产生贷款需求。同时，春秋季是农作物播种季节，农业方面的支出使得农户有资金需要，产生贷款需求。

3.5 本章小结

本章依据 2013 年三次调研数据，系统分析了丝绸之路沿线省份农户基本特征、收入质量和贷款行为的现状。通过对调研数据的分析可知，丝绸之路沿线省份农户的基本特征、收入质量和贷款行为体现出以下特点。

（1）农户基本特征。户主年龄多集中在 40~55 岁之间，绝大多数调研样本的户主为男性；丝绸之路沿线省份农户家庭资产积累较少，多数农户家庭资产价值在 10 万元以下；农户社会资源较少，3/4 以上样本表示没有亲朋好友在农信社等正规金融机构工作；农户家庭规模适中，传统意义上的大家族已较少见；多数样本表示家庭自有耕地在 5 亩以下，自有耕地在 10 亩以上的样本较少，表明调研地区人均土地规模不大；3/4 以上样本表示对于正规贷款相关政策不了解；外出务工现象在农村已极为普遍，务工地点大多在本省范围内。

（2）农户收入质量特征。研究结果显示，丝绸之路沿线省份农户收入充足性、稳定性、结构性、成本性和知识性等方面均表现出不同种类特征。收入充足性方面，多数农户收入低于全国平均水平，收入有待提高；四成以上样本家庭收支基本相等，大部分农户家中有储蓄，但储蓄金额相对较低，且储蓄目的多以预防性为主，以投资为主的农户所占比例相对较小。收入稳定性方面，近三年务工收入上涨 10% 以上的样本占调研总数的近 40%，近半样本表示近三年务农收入无显著变化；外出务工农户换行业次数低于换单位次数，多数农户务工年限较长。收入结构性方面，多数农户表示具有务工收入和务农收入两种经济来源，且务工收入在总收入中所占比重已超过务农收入，成为农户收入的主要来源；务农收入所占比例与务工收入所占比例高度相关。收入成本性方面，农户收入成本大体由务工成本和务农成本两部分组成；农户务工成本中，求职成本和工作成本支出差异较小，生活成本支出差异较大，且在农户务工成本中所占比例也最大；务农成本方面，多数样本表示支出主要集中在购买种子、化肥等方面，规模化种植农户往往具有雇工、土地租金等支出。收入知识性方面，样本受教育程度多集中在小学和初中阶段，受过更高层次教育的样本较少；多数样本表示日常工作主要以体力为主，具有专长技术的样本较少。

（3）农户贷款行为特征。贷款需求方面，多数样本表示感到资金约束，希望通过向外界融资的方式解决资金困难，具有贷款需求。贷款用途方面，近六成农户的贷款用途为医疗、子女教育、新建或加固房屋等非生产型支出，生产型贷款用途主要集中在规模化种植、农产品加工等农业生产相关领域。贷款渠道方面，丝绸之路沿线省份农村主要存在着农信社、中国农业银行等正规贷款渠道和亲戚、朋友等非正规贷款渠道，高利贷等民间借贷现象并不普遍。出于对从正规贷款渠道获得贷款的悲观预期，多数样本倾向通过非正规渠道获得贷款，向正规金融组织提出贷款申请的样本仅占具有贷款需求样本总数的 37.0%。贷款可获得性方面，向正规金融组织提出贷款申请的样本中，有近 30% 未获得贷款，20% 左右的样本获得的贷款数额等于其申请数额；通过非正规渠道进行融资的农户中，15% 左右的样本未获得贷款，贷款获得金额等于申请金额的农户所占比例为 23.3%。还款期限方面，多数样本尤其是收入状况较差的样本表示贷款在一年内还清,还款期限在三年以上的样本所占比例较小。这表明丝绸之路沿线省份农户还款积极性较高。调研还发现,丝绸之路沿线省份农户贷款行为的季节性特征明显,农户对贷款利率的反应不敏感。多数农户更为重视放款周期和还款期限。

第 4 章

丝绸之路沿线省份农户收入质量对贷款行为起始阶段的影响分析

贷款行为起始阶段是农户贷款行为的首要环节,是贷款行为其他环节得以产生和进行的基础,主要是指农户是否感到资金约束并希望通过外部融资的方式缓解或解决资金约束,即农户是否具有贷款需求。已有研究表明,收入数量是农户贷款需求的主要影响因素,但对于农户的非农技能储备、收入构成、收入波动等因素如何作用农户贷款需求的研究还较少。本章借鉴农户收入质量概念,探讨收入质量各维度对农户贷款需求的影响。

4.1 影响机理分析

4.1.1 收入质量对农户贷款需求的影响

收入充足性方面,当前我国农户收入充足性与其贷款需求之间可能存在负向相关关系。国外相关学者指出,当农户收入过低时,虽然其资金约束较强,但考虑到自身的还款能力有限,获得贷款的可能性较低,不易产生贷款需求;当农户具有一定收入但还不能满足支出需要时,考虑到自身还款能力有所增强,会产生贷款需求;当其收入继续增加,足够满足自己及家庭的支出需要时,在缺乏良好投资项目的情况下,农户贷款意愿会降低,则不易产生贷款需求。但在我国,由于农村金融体制的扶贫性特点,家庭收入过少的农户仍会产生贷款需求。因此,收入充足性好的农户不易产生贷款需求;可支配资金越缺乏,收入充足性越差的农户越容易产生贷款需求。

收入稳定性方面，相关研究指出，收入波动与收入数量之间具有较为显著的相关性，收入波动程度直接影响农户收入数量。丝绸之路沿线省份农户作为社会弱势群体，资产积累和家庭可支配资金普遍较少，其贷款需求等经济行为较全国其他地区受收入波动程度的影响更直接。因此，收入下降越多的农户可支配资金数额应该越少，越容易产生贷款需求；反之，收入上升越多的农户其可支配资金往往较多，自有资金较充足，能够应对生活生产过程中产生的各种支出，不易产生贷款需求。

收入结构性方面，上一章研究结果表明，当前我国农户主要有务工收入和务农收入两种来源，务农收入所占家庭比重与务工收入所占家庭比重高度相关。由于生产效率不同，农民务工收入一般高于其家庭经营收入。这也是大量农民转变为农民工的原因之一。因此，农户务工收入所占比例越高，其收入的绝对数量相应地也应较高，支持满足其家庭日常开销的能力也越强，农户产生贷款需求的可能性也越小；反之，则容易产生贷款需求。

收入成本性方面，收入成本对农户贷款需求可能具有负向影响。收入成本越高的农户，收入获取效率更低，其家庭的可支配资金越少，容易催生其产生贷款需求；收入成本越低的农户，收入获取效率更高，其家庭的可支配资金越多，不易催生其产生贷款需求。

收入知识性方面，大量研究表明，受教育水平与工作技术含量与农户收入呈现正向相关关系，因此，农户受教育程度越高，所积累工作技能越丰富，其收入也相应越高，因而不易产生贷款需求；反之，农户受教育程度越低，所积累的知识和工作技能越少，其收入也相应越低，容易产生贷款需求。

4.1.2 非收入因素对农户贷款需求影响

除农户收入方面因素外，农户个人及家庭因素也会对其贷款行为产生影响。为保障研究过程的客观性及严谨性，使得研究成果更加贴近实际，本书在本章及后续各章的实证部分除选取农户收入影响因素为自变量外，还选取农户非收入因素等变量进行研究。户主年龄方面，秦建群等（2011）的研究表明，农户的贷款行为具有生命周期的特点，对贷款需求的影响与农户收入类似，也成负向影响。处于生命周期的不同阶段的行为人消费支出项目存在很大差异。当行为人年纪较轻时，虽然获取收入能力较强，积蓄会增加，也会逐渐承担大的开销项目（如教育支出、医疗支出、房屋修缮、人情往来、婚丧嫁娶等），此时容易产生贷款需求；由于农民大部分从事体力劳动，因此，随着年纪的增长，大部分农民的收入逐渐减少，这时容易产生贷款需求；当年纪增长到一定程度，完全丧失劳动能力后，可支配资金几乎全部依靠早年的财产积累和子女赡养，开销项目也随之较少，往往不产生贷款需求。户主性别方面，性别的生理特征差异会使得个体对事情的看法和决策有所不同。与女性相比，大多数男性对贷款政策的知识了解更多，对自身需求认识更清楚，对相关事情的预测更准确，决策更实际，因此，男性的贷款需求意愿及贷款需求可能会更强。

农户家庭资产规模方面，资产规模越大，说明农户的经济实力越强，可支配资金越充足。在农村地区生产型贷款需求普遍不强的大背景下，不容易产生贷款需求。家庭资产较少的农户，可支配资金较为缺乏，容易产生贷款需求。农户家庭社会关系方面，一般而言，有亲戚朋友在金融机构工作，会比较容易获得贷款，容易产生贷款需求。家庭人口规模方面，家庭人口规模与农户贷款需求之间应呈负向相关关系。人口较多的农户所具有的劳动力也相应较多，收入状况较好，因此，不易产生贷款需求；人口较少的农户，劳动力数量偏少，容易产生贷款需求。家庭土地规模方面，虽然当前农户与传统农户相比有很大的不同，但土地依然是农户最重要的生产资料。在国家加大对农产品补贴力度，我国农产品逐渐打开海外市场的背景下，家庭土地规模较大的农户由于具备开展规模化种植的基本条件，其家庭可支配资金往往较一般农户更为充足，不易产生贷款需求。户主对贷款政策的认知程度方面，户主对贷款政策越了解、对贷款流程越熟悉，其通过贷款解决家庭资金约束的想法越强烈，发生贷款需求的阈值越低，越容易产生贷款需求；反之，户主对贷款政策了解程度越低，对贷款的看法往往出现偏差，通过贷款行为获取资金的期望不高，不易产生贷款需求。

4.2 统计分析

统计结果表明，有贷款需求农户占总体调研样本的 60% 左右，下面分别从收入质量角度及农户非收入因素角度对农户贷款需求进行比较分析。

4.2.1 收入质量与农户贷款需求的交叉统计分析

4.2.1.1 收入充足性对农户贷款需求影响

收入数量方面，观察可知，随着收入数量的不同，农户贷款需求比例呈现

"U"型趋势，并且随着收入数量的增加，其下降速度快于上升速度。近三年年均收入在2万元以下的农户中，具有贷款需求的样本为该组总数的88.5%，该比例随后逐渐降低，但在最后一组（年收入在6万元以上）中，该比例有所上升。

收支情况为入不敷出的农户中，具有贷款需求的样本为该组总数的86.5%。而在收支情况为收大于支的农户中，具有贷款需求的样本所占该组总数的比例为三成左右。比较可知，农户贷款需求比例呈现下降趋势，并且随着收支状况的好转，其下降速度明显加快。家庭收支状况越好的农户产生贷款需求的比例更小。

储蓄情况为2万元以下的农户中，具有贷款需求的样本为该组总数的68.9%。而在储蓄情况为5万元以上的农户中，具有贷款需求的样本所占该组总数的比例还不及50%。观察可知，随着储蓄水平的提升，具有贷款需求农户所占比例在各组中所占比例呈现"U"型趋势，但下降速度较快，上升速度较慢。2万元以下农户贷款需求所占比例较高，5万元以上农户贷款需求所占比例较低。

4.2.1.2　收入稳定性对农户贷款需求影响

务工收入波动方面，务工收入下降10%以上的农户中，具有贷款需求的样本为该组总数的72.3%。而在务工收入波动情况为上升10%以上的农户中，具有贷款需求的样本所占该组总数的比例未超过50%。比较可知，贷款需求在各组中所占比例差异较大，随着务工收入状况的好转，其所占比例呈现迅速下降趋势。

务农收入波动方面，务农收入下降10%以上的农户中，具有贷款需求的样本为该组总数的53.0%。而在务农收入上升10%以上农户中，具有贷款需求的样本所占该组总数的比例接近70%。贷款需求在各组中所占比例呈现稳步上升态势，且变化幅度较大。

4.2.1.3　收入结构性对农户贷款需求影响

农户务工收入占家庭收入比例40%以下农户中，具有贷款需求的样本占该组总数的93.1%。而在务工收入占家庭收入比例达到70%以上的农户中，具有贷款需求的样本所占该组比例不及四成。观察发现，贷款需求在各组中所占比例呈现逐渐下降趋势，随着务工收入所占家庭收入比例越来越高，产生贷款需求的农户所占比例越来越小。农户务农收入所占家庭比例的交叉分析结果与之相反。

4.2.1.4 收入成本性对农户贷款需求影响

务工成本方面，近三年年均务工成本在2000元以下的农户中，具有贷款需求的样本占该组总数的57.1%。而在近三年年均务工成本为3000元以上的农户中，具有贷款需求的样本占该组比例为50%左右。通过观察可知，随着务工成本的增加，贷款需求在各组中所占比例呈先上升后下降趋势。

务农成本方面，近三年年均务农成本在1000元以下的农户中，具有贷款需求的样本所占该组比例为71.1%。而在近三年年均务农成本在2000元以上的农户中，具有贷款需求的样本所占该组比例不及50%。观察可知，随着务农成本的增加，贷款需求所占比例在各组中呈现下降趋势，下降速度逐渐加快。

4.2.1.5 收入知识性对农户贷款需求影响

户主受教育水平方面，户主受教育水平在小学毕业及以下的农户中，具有贷款需求的样本所占该组比例为68.1%。而在户主受教育水平为大专及以上的农户中，具有贷款需求的农户所占该组比例不超过40%。观察可知，贷款需求在各组中所占比例呈现不规则分布。

工作技能水平按照农户家庭主要劳动力工作技术含量的不同将样本分为"体力为主，包含少部分技能或不包含技能""体力和技能各占一半""技能为主，包含少部分体力或不包含体力"三组，观察可知，随着工作技能水平的上升，贷款需求所占比例逐渐下降，且下降速度有加速趋势。

4.2.2 非收入因素对农户贷款需求影响

分析结果显示，户主年龄在25岁以下的农户组具有贷款需求的样本占该组样本的45.2%，55岁以上农户这一比例为24.9%。综上所述，户主年龄与贷款需求之间存在倒"U"型对应关系，随着户主年龄上升，贷款需求逐渐强烈，但户主年龄上升到一定点时，贷款需求逐渐减少，拐点发生在40岁左右。户主不同性别与贷款需求的交叉统计结果显示，户主性别为女性的农户更难以产生贷款需求。农户已有资产价值在5万元以下的农户中，具有贷款需求的农户所占比例为72.6%,而家庭总资产在15万元以上的农户中,具有贷款需求的农户所占比例为55%左右。观察统计结果可以发现,随着资产价值总数上升,农户贷款需求比例有所下降。在不具有家庭社会关系的农户组中,产生贷款需求的比例为60%左右,在具有家庭社会关系的农户组中这一比例也为六成左右,具有贷款需求的农户在两组中所占比例相差不大。人口规模在6人及以上的农户产生贷款需求的比例为67.8%,规模在3～6人的农户的农户产生贷款需求的比例为50%左右,规模在3人及以下的农户产生贷款需求的比例接近80%。具有贷款需求比例随着家庭人口数量的上升势呈现"U"型趋势。土地规模与贷款需求之间的交叉影响结果与人口规模相似,随着土地数量的增加,贷款需求在各组中所占比例呈现"U"型趋势。土地规模在2亩以下的农户中具有贷款需求的样本所占比例超过60%,2～5亩的样本组中,该比例为50%左右,5亩以上的农户中具有贷款需求所占比例与2～5亩中的比例相似。分析结果显示,三组样本产生贷款需求的比例相差不大。表示了解贷款政策的农户中,具有贷款需求农户所占比例为50%左右,表示不了解贷款政策的农户中产生贷款需求的比例超过60%。

4.3 收入质量对农户贷款需求影响的计量分析

4.3.1 计量模型构建与变量选择

对于农户而言,贷款需求问题实质是一个是否参与农村金融交易活动的二元选择问题,即参与或不参与。因此,因变量是一个离散变量。已有的有关农户贷款行为影响因素的模型(如Tobit、Probit模型)直接探讨收入数量等自变量与因变量贷款需求之间的关系,对影响收入数量的因素(即收入质量)与贷款需求之间的关系研究较少。因此,本书采用二元Logistic模型分析农户收入质量对贷款需求的影响。具体分析过程分两阶段进行:第一阶段,因变量选取农户贷款需求,自变量选取能够体现农户收入质量的变量,考察农户收入质量的各因素对其收入数量的影响;第二阶段,在保留第一阶段因变量和自变量的基础上,加入其他可能影响农户贷款需求的主客观因素。模型基本表达式如下:

$$P(Y_i) = F(\alpha + \sum \beta_i X_i + \mu) = \frac{1}{\sigma\sqrt{2\pi}} e^{-\frac{1}{2\sigma^2}\sum(Y_i - \beta_0 - \beta_i X_i)^2}, \quad i = 1, 2, \cdots, n$$

(4.1)

其中，$P(Y_i)$ 为第 i 个农户具有贷款需求的概率，Y_i 表示第 i 个农户是否具有贷款需求。X_i 为解释变量，β_0 为常数项，β_i 为解释变量系数，$i=1,2,3,\cdots,n$。

对式（4.1）取对数似然函数：

$$L^* = \ln L = -n\ln\left(\sqrt{2\pi}\sigma - \frac{1}{2\sigma^2}\sum(Y_i - \beta_0 - \beta_i X_i)^2\right) \quad (4.2)$$

将公式（4.2）进行 Logistic 转换，得到概率的函数与自变量之间的回归线性模型：

$$\ln L = (\alpha + \sum \beta_i X_i) = b_0 + b_1 x_1 + b_2 x_2 + \cdots + b_n x_n + \varepsilon \quad (4.3)$$

依据前文分析，本部分研究选择农户收入质量相关变量和其他非收入变量，探究农户贷款需求影响因素。变量定义及预期假设如表 4-1 所示。

表 4-1　农户贷款需求影响因素分析的变量定义及预期作用方向

变量名称		变量定义	预期作用方向
因变量			
农户贷款需求		是 = 1；否 = 0	
自变量			
收入质量因素	近三年年均纯收入	<2 万元 = 1；2 万~4 万元 = 2；4 万~6 万元 = 3；>6 万元 = 4	-
	近三年家庭收支情况	入不敷出 = 1；收支相等 = 2；收大于支 = 3	-
	家庭储蓄情况	2 万元以下 = 1；2 万~5 万元 = 2；5 万元以上 = 3	-
	近三年年均务工收入波动程度	下降 10% 以上 = 1；正负 10% 以内 = 2；上升 10% 以上 = 3	-
	近三年年均务农收入波动程度	下降 10% 以上 = 1；正负 10% 以内 = 2；上升 10% 以上 = 3	-
	务工收入/总收入	<40% = 1；40%~70% = 2；70% 以上 = 3	-
	近三年年均务工成本	按调研实际情况统计	+
	近三年年均务农成本	按调研实际情况统计	+
	户主受教育程度	小学毕业及以下 = 1；初中毕业 = 2；高中及中专毕业 = 3；大专毕业及以上 = 4	-
	工作技能水平	较低 = 1；一般 = 2；较高 = 3	-

续表

变量名称		变量定义	预期作用方向
非收入因素	户主年龄	25 岁以下 =1；25～40 岁 =2；40～55 岁 =3；55 岁及以上 =4	-
	户主性别	男 =1；女 =0	+
	农户已有资产价值	<5 万元 =1；5 万～10 万元 =2；10 万～15 万元 =3；>20 万元 =4	-
	家庭社会关系	是 =1；否 =0	+
	家庭人口规模	3 人以下 =1；3～6 人 =2；6 人以上 =3	-
	家庭土地规模	2 亩以下 =1；2～5 亩 =2；5 亩以上 =3	-
	贷款政策认知程度	了解 =1；不了解 =0	+

4.3.2 模型回归结果

本书运用 SPSS19.0 软件，对 Logistic 模型中的变量进行参数估计，具体回归结果如表 4-2 所示。

表 4-2　农户贷款需求影响因素的二元 Logistic 回归结果

解释变量		模型一		模型二	
		回归系数	标准误	回归系数	标准误
收入充足性	收入数量	-1.042***	0.096	-1.086***	0.113
	近三年家庭收支	-1.943***	0.195	-2.031***	0.211
	家庭储蓄情况	-0.541***	0.094	-0.241**	0.098
收入稳定性	务工收入波动程度	-0.298*	0.162	-0.318*	0.168
	务农收入波动程度	-0.296*	0.164	-0.279	0.170
收入结构性	务工收入/总收入	-0.314***	0.116	-0.307**	0.122
收入成本性	近三年务工成本	-0.251*	0.130	-0.228*	0.135
	近三年务农成本	-0.062	0.083	-0.098	0.088
收入知识性	户主受教育程度	-0.190	0.125	-0.200	0.130
	工作技能水平	-0.260*	0.149	-0.262*	0.156

续表

解释变量		模型一		模型二	
		回归系数	标准误	回归系数	标准误
非收入因素维度	户主年龄	—	—	-0.533***	0.151
	户主性别	—	—	0.142	0.444
	农户已有资产价值	—	—	0.262**	0.114
	家庭社会关系	—	—	0.475*	0.280
	家庭人口规模	—	—	-0.365	0.239
	家庭土地规模	—	—	-0.101	0.119
	对贷款政策认知	—	—	0.007	0.278
-2对数似然值		520.699		492.872	
模型拟合优度		0.497		0.514	

注：*、**、***分别表示显著性水平为10%、5%和1%。

模型一中只包含收入质量相关变量，模型二中既包含收入质量相关变量也包含农户非收入变量。模型二的模型拟合优度和预测准确率均高于模型一，表明相对于模型一而言，模型二的解释力更强。回归结果显示，收入质量方面，充足性维度中的收入数量、家庭收支情况储蓄情况以及稳定性维度中的务工收入波动程度、结构性维度中的务工收入与总收入比值、成本性维度中的务工成本、知识性维度中的工作技能水平等七个自变量在两组模型中回归结果均显著，表明这些因素对农户是否产生贷款需求具有影响，收入稳定性维度中的务农收入波动程度在模型一中的回归结果显著，在模型二中的回归结果不显著，表明该变量对农户贷款需求不构成影响。农户非收入因素中，户主年龄、已有资产总值、家庭社会关系通过了显著性检验，户主年龄对农户贷款需求的影响为负向，农户已有资产价值家庭社会关系影响方向为正向。

4.3.3 回归结果讨论

4.3.3.1 收入质量对农户贷款需求的影响

（1）收入充足性方面。近三年家庭收入数量、家庭收支情况和家庭储蓄情况三个变量回归结果显著，且为负向影响。说明收入数量越多、收支结余越多、资金储蓄越充足的农户越不易产生贷款需求,与预期假设相一致,这也符合学术界关于收入与贷款需求关系的研究结论。收入数量越多和收支状况越好的农户,可支配资金较多,能够应对日常生活开支,在丝绸之路沿线省份农户普遍生产型贷款需求不足的背景下,不易产生贷款需求。储蓄可以很容易变现,是家庭可支配资金的重要组成部分。储蓄水平越好的农户,其生活资金支出压力越小,越不容易产生贷款需求。同时,相对于房产等不动产来讲,储蓄属于流动资产,具有很强的变现能力。在农户的现金流不足时,储蓄可以迅速地补充农户可支配资金的数额,因此,储蓄较多的农户可以自行解决可支配资金不足的情况,不易产生贷款需求。

(2)收入稳定性方面。农户务工收入波动性对农户贷款需求影响为负,与预期假设一致。调研中发现,务工收入下降越多的农户,收入状况越差,资金约束越明显,容易产生贷款需求;反之,务工收入显著上升的农户,家庭可支配资金较为充足,能够应对日常支出,资金约束较小,不易产生贷款需求。农户务农收入波动情况不显著,这主要由于近些年国家对粮食等农产品价格进行干预,依据每年的粮食收成、市场供需等客观情况实行保护价收购,降低了农产品价格的市场波动幅度,使得农户农业收入波动幅度较小,不足以对总收入产生质的影响,进而对农户贷款需求不构成影响。虽然调研中发现有些进行规模化种植的农户,如进行大棚菜种植、经济作物种植等收入波动较大,但由于这部分样本在总样本中所占比例较小,未对整体回归结果产生影响。

(3)收入结构性方面。家庭收入以务工为主的农户不容易产生贷款需求,符合基本假设。从宏观角度来看,务工收益高于务农收益,这也是农民工进城务工的直接诱因。务工收入所占比重越大,往往家庭总收入也越高,越不容易产生贷款行为。此外,在研究中发现,务工人数占家庭总人数比例越高的农户,其家庭收入结构中务工收入所占比例也越高,这部分被访者的贷款意愿也同样不强烈。

(4)收入成本性方面。回归结果显示,农户务工成本通过显著性检验,且为负向影响,与原假设不符。可能的原因是,虽然农户的务工成本与其收入呈反比例关系,但农户作为理性人,在我国市场经济体系越来越完善、市场细分程度逐渐加深的大背景下,能够根据自身经济条件自由的决定务工期间的各项支出(即务工成本)。因此,务工成本越高,说明其务工收入越高,能够支持其较高的务工支出,进而其家庭的可支配资金越充足,不容易产生贷款需求。农户务农成本的回归结果不显著。这是因为虽然由于一些农户进行规模化种植，样本务农成本差距较大，但在总体调研样本中农业收入在农户家庭中所占比例相对较小，对于家庭经济情况的影响力有限，因此，未对农户贷款需求产生影响。

（5）收入知识性方面。变量工作技能水平对农户贷款需求影响显著。工作技能水平对收入获取效率有正向影响，与预期假设一致。这主要是因为：一般收入较高，家庭可支配资金较充足，不容易产生贷款需求；反之，纯体力工作往往薪资待遇不高，产生贷款需求的可能较高。变量户主受教育程度未通过显著性检验。从样本情况看，被访者基本都没有受过高等教育，虽然农户群体内部知识积累水平尤其是受教育程度差异较大，既有小学未毕业也有高中毕业生，但从社会的整体角度看，他们都属于受教育水平相对较低的人群。传统观点认为，受教育程度越高的农户具有更多的认知能力和更宽广的视野，可支配资金可能更宽裕。但随着信息传播效率越来越高以及农户积极进行社会实践，在都没有受过高等教育的前提下，受教育程度与农户可支配资金间的相关性已日趋减弱，因此，未通过显著性检验。

4.3.3.2 非收入因素对农户贷款需求的影响

模型回归结果显示，户主年龄、农户已有资产总值、农户社会关系三个变量通过了显著性检验，前两个变量的影响系数为负，农户社会关系的影响系数为正，与预期假设相一致。依据生命周期假说，行为人财富的积累与其年龄成正比。随着年龄的增长，其积蓄水平会逐渐上涨，满足自身可支配资金需求的能力越来越强，并且，由于年纪的不同，出于生命周期的不同阶段，其支出项目也有所不同。年轻时会产生子女抚养、教育费用、赡养老人费用、新建房屋费用等，而年老者则除医疗费用外几乎没有大型支出，随着大病统筹等医疗保险在农村地区覆盖面越来越广，年纪较大的农户不易产生贷款需求。农户已有资产通过显著性检验，且为负向影响，表明已有资产较少的农户，容易产生贷款需求，与之前学者的相关研究成果相一致。这主要是因为已有资产较多的农户，往往家庭经济条件较好，资金约束较小，不易产生贷款需求。变量农户社会关系在5%的显著性水平下通过检验，呈正相关影响。这也从侧面反映了农户获取正规贷款的难易情况，农户有亲戚或朋友在银行或信用机构工作，其获得贷款信息的准确度和及时性都比较高，对相关贷款政策、借贷程序的了解程度也更深，并且亲戚朋友也能够及时为其提供贷款担保，因此，一旦有贷款需求，其获得贷款相对容易，进而导致其贷款行为的发生阈值与一般农户相比较低。

家庭人口规模没有通过显著性检验。调研中发现,有的家庭人口规模大,但都在外出务工,家庭负担较小,不易产生贷款需求;而有的家庭虽然人口也较多,但一些家庭成员仍在接受教育阶段,家庭教育支出压力较大,产生贷款需求。由此导致该变量与农户的可支配资金充裕程度之间的关联性降低。未能通过显著性检验。家庭土地规模未通过显著性检验。这主要因为,随着农户务工收入的增加,家庭土地规模与农户可支配资金数量之间的关联性已逐渐降低。调研结果显示,一些土地规模少的农户由于家庭成员多外出务工,收入状况较好,不易产生贷款需求;而一些土地规模较大的农户,由于进行规模化经营,大量种植果树等经济作物,收入水平较高,也不易产生贷款需求。户主对贷款政策了解程度未通过显著性检验。这主要因为农户作为理性人,更多从自身条件角度决策是否产生贷款需求。这些自身条件往往具有稳定性,短期内难以发生较大改变。而贷款政策了解程度不属于以上类型条件,不了解贷款政策的农户如有贷款意愿,能够在较短时间内对相关政策进行梳理和认识。因此,该变量对农户是否产生贷款需求影响不显著。

4.4 本章小结

本章影响机理分析表明,收入质量对丝绸之路沿线省份农户贷款需求应产生影响。交叉分析表明,不同收入质量农户的差异较大;方差分析表明,收入质量各维度对于农户贷款需求的影响较大;计量分析结果表明,农户收入质量充足性维度中的收入数量和家庭收支以及储蓄情况、稳定性维度中的务工收入波动程度、结构性维度中的务工收入与总收入比值、成本性维度中的务工成本、知识性维度中的工作技能水平等七个自变量对农户收入影响显著,且均为负向影响。表明丝绸之路沿线省份的农户收入质量越好,贷款需求越低。可能的原因是本地区农户对于风险过度厌恶,小农思想严重。研究还发现,农户非收入因素中的户主年龄、农户已有资产价值以及家庭社会关系对其贷款需求具有显著影响,户主年龄和农户已有资产价值为负向影响,表明户主年龄越大、家庭资产越多的农户,越难以产生贷款需求。家庭社会关系对于农户贷款需求有正向影响。

第 5 章

丝绸之路沿线省份农户收入质量对贷款行为决策阶段的影响分析

决策阶段是贷款行为的中间环节，上接贷款行为起始阶段，下接贷款行为实施阶段，主要包括农户贷款用途和贷款渠道两方面内容。农户对于贷款用途的决策体现着融资行为对于缓解农户资金约束的影响方式，对于贷款渠道的选择则体现着农户对于成功获得贷款的预期。与贷款行为起始阶段相比，在贷款行为决策阶段，农户对于贷款用途及贷款渠道的思考更为细致。已有研究表明，收入数量对于农户的贷款用途和贷款渠道影响巨大。本章以收入质量为研究切入点，分析其对于农户贷款行为决策阶段的影响机理。

5.1 收入质量对农户贷款用途的影响研究

5.1.1 影响机理分析

农户收入充足性与其贷款用途之间可能存在正向相关关系。由于生产型贷款用途具有较明显的投资性质，需要较多的可支配资金和较强的风险抵御能力，收入充足性较差的农户其可支配资金数额往往较少，缺乏抵御投资风险的能力，所以这部分农户的贷款用途往往表现为非生产型；反之，收入数量较多、家庭收支状况较好、有一定积蓄的农户自有资金往往较充足，足够应对日常生活中的种种支出，同时具备较好的风险承担能力，因此，这部分农户的贷款需求应表现为生产型。

收入稳定性方面，收入下降程度越多，其自有资金不足的状况越明显，难以承担生产型投资带来的风险以及所需的原始起动资金,这部分农户的贷款用途往往表现为非生产型;反之,收入数量上升越快的农户,自有资金往往较充足,可以承担生产型贷款需求所必需的原始资金,同时,这部分农户的风险抵御能力较好,容易产生生产型贷款需求。

收入结构性方面,农业生产是一个自成体系的行业,有产前环节(种子、肥料的供应)、产中环节(农作物生长和收割)及产后环节(农作物运输及销售)。然而,随着工业革命的推进,人类社会生产力有了长远发展,资本逐渐渗透进农业领域。人力投入较少、经济回报较丰厚的产前阶段和产后阶段逐渐从农业生产中分割出来,将回报率低但风险较高的农业生产留给了农户,使得从事农业生产的人群收入获取不确定因素较多。因此,务农收入占总收入比例越高且具有贷款意愿的农户,其收入水平往往较低,容易产生非生产型贷款需求;反之,则容易产生生产型贷款需求。

收入成本性方面,农户收入成本越高,表明其获取收入的效率越低,资金约束越明显,缺乏投资风险抵御能力,这部分农户容易产生非生产型贷款需求;反之,农户收入获取成本越低,表明其获取收入的效率较高,生活支出压力较小,具备一定的抵御投资风险的能力,这部分农户容易产生生产型贷款需求。

收入知识性方面,投资行为具有一定的风险性,对行为人的个人素质要求较高,知识储备较高的农户具备较强的发现投资机会能力和一定的风险承受能力,其贷款用途一般为生产型,同时,工作技能较高的农户,对于本行业的发展状况和发展前景也更为熟悉,也具备进行生产型贷款的能力;反之,受教育程度较低和工作技能较少的农户,收入水平往往较低,无法承担生产型贷款所带来的风险,其贷款用途多表现为非生产型。

除选取收入质量各因素外,还选取一些体现农户非收入因素的变量。年龄对贷款用途的影响尚不明朗。一方面,年轻的农户具有更加开放的思想和更广阔的视野,更有可能进行生产型投资;另一方面,年纪较大的农户往往具备丰富的经验,并且资金也更加充裕,也有可能进行生产型投资。与上一章的理论假设相类似,农户户主性别为男性,其开拓精神应该较之女性更足,因此,容易产生生产型贷款需求。农户已有资产价值较高的农户其抵御投资风险的能力越强,更具备开展生产型贷款的条件。多数相关研究表明,具备社会关系的农户,较一般农户更容易获得贷款,但该变量与农户贷款用途之间关系尚需进一步研究。家庭人口规模与农户贷款用途之间关系不明朗。一方面,人口规模越大的农户往往子女教育支出较大，更容易产生非生产型贷款需求。另一方面，人口规模越大表明农户家庭中劳动力所占比例有可能越大，容易产生生产型贷款需求。家庭土地规模越大的农户，越具有开展规模化种植的条件，因此，其贷款需求应该多为生产型。户主对贷款相关规定的认知程度往往较高，了解当前金融组织多以满足农户生产型贷款需求为主要工作任务，容易产生生产型贷款需求。

　　本阶段研究的因变量为农户贷款用途。出于样本个体的差异，不同样本表现出的贷款用途不同。当前，我国金融机构对涉农贷款的放款政策主要以鼓励生产型贷款为主。因此，很多农户为了获得贷款，不论贷款用途的真实性与否，申请贷款时均声明贷款用途为生产型贷款。为防止在数据采集时样本出于种种原因对贷款用途表述不明，本书研究未直接询问其贷款用途为生产型抑或非生产型，而是用"如果此时获得5万元，您是打算用于修缮房屋、负担子女教育还是购买大型农用机械、投资办厂"来加以代替，以保证农户贷款用途数据的准确性。在数据后期处理中，选择修缮房屋、负担子女教育的农户其贷款用途被认为是非生产型的；选择购买大型农用机械、投资办厂的农户其贷款用途被认为是生产型的。

　　关于教育支出属于生产型支出还是非生产型支出这一问题一直受到理论界争论。国内外一些学者认为，教育支出属于非生产型支出。因为其收益率、投资年限和获取收益的时间不像其他投资项目那样清晰。并强调行为人在受教育的同时，精神获得了一定程度的愉悦和满足，符合非生产型支出的特征。也有学者认为，教育支出应该属于生产型支出。他们指出，行为人通过教育提高了自身的认识和远见，丰富了知识背景，而这些提升会对人在以后生活中的发展产生关键影响，人由于这些影响而获得好的发展，同时，也收获丰厚的经济回报。虽然在受教育的过程中人会感受到精神上的愉悦，但这种愉悦是"更高级意义上的愉悦"，因此，教育支出应该属于生产型支出。结合金融机构鼓励农户进行生产型借贷行为的政策，为促进农村地区更好更快地发展，应将教育贷款纳入生产型借贷领域，为农村人力资本的积累创造良好条件。综上所述，本书认为，教育支出应该属于生产型支出。但考虑到农户的普遍认识以及金融机构一般将贷款用途为教育的贷款申请归入非生产型借贷范围的现实，在研究时仍将其划入非生产型借贷领域。

5.1.2 统计分析

从整体样本来看,农户非生产型贷款需求大于生产型贷款需求,下面分别从收入质量角度及农户非收入因素角度对农户贷款用途进行比较分析。

5.1.2.1 收入质量对农户贷款用途影响

(1) 收入充足性与农户贷款用途。收入数量方面,依据分析结果,随着收入数量的增加,农户生产型贷款用途呈上升趋势,且其上升速度越来越快。近三年年均收入在2万元以下的农户中贷款用途为生产型贷款的农户所占该组比例仅为0.9%,年均收入为6万元以上的农户贷款需求为生产生产型的样本所占该组比例超过60%。

收支情况为入不敷出的农户中贷款用途为生产型贷款的农户所占该组比例为36.3%,收支情况为收大于支的农户中贷款用途为生产型贷款的农户所占该组比例为10%左右。比较可知,在三组中,生产型贷款需求所占比例均低于非生产型贷款需求。

储蓄情况为两万元以下的农户生产型和非生产型贷款比例分别为30.3%和69.7%,5万元以上的农户该组比例分别为80%和20%左右。观察可知,第一组贷款需求主要为非生产型,第二组农户生产型贷款需求和非生产型贷款需求持平,第三组贷款需求主要为生产型。随着储蓄水平的提升,生产型贷款需求所占比例也随之升高。

(2) 收入稳定性与农户贷款用途。务工收入波动下降10%以上的农户非生产型贷款需求为70%以上,无显著变化的农户中贷款用途为非生产型的样本占该组比例的60%以上。上升10%以上的农户中该组比例则不足50%。观察可知,生产型贷款需求在前两组组中所占比例均在50%以下,随着务工收入状况的好转,其所占比例呈现温和上涨趋势。

务农收入波动在下降10%以上的农户非生产型贷款需求为64.3%,无显著变化的农户该组比例超过65%,上升10%以上的农户该组比例则为50%左右。观察可知,非生产型贷款需求在各组中所占比例呈现倒"U"型态势,但在前两组中,两种贷款用途所占比例差距较小。

(3) 收入结构性与农户贷款用途。务工收入占家庭收入比例40%以下农户非生产型贷款需求比例达到80%左右,40%~70%的农户该组比例超过

50%，70%以上的农户该组比例则不及50%。观察发现，非生产型贷款需求在各组中所占比例呈现逐渐下降趋势，但下降速度逐渐减慢，随着务工收入所占家庭收入比例越来越高，两种贷款需求所占比例差距逐渐减小。农户务农收入所占家庭比例的交叉分析结果与之相反。

（4）收入成本性与农户贷款用途。近三年年均务工成本在2000元以下的农户非生产型贷款需求比例为66.4%，近三年年均务工成本在3000元以上的农户非生产型贷款需求比例也为六成以上。与收入结构性统计分析结果相似，两种贷款用途在各组中所占比例差异不大。

近三年年均务农成本在1000元以下的农户中，产生非生产型贷款需求的比例为46.8%，1000~2000元的农户该组比例超过70%，2000元以上的农户该组比例为60%以上。观察可知，非生产型贷款需求在各组中也呈倒"U"型趋势，但变动幅度较大。

（5）收入知识性与农户贷款用途。户主受教育水平在小学毕业及以下的农户非生产型贷款需求比例为57.7%，大专毕业及以上的农户非生产型贷款需求比例不及20%。观察可知，除最后一组外，非生产型贷款需求在各组中均占50%以上，与其他各组相比，在最后一组中，非生产型贷款需求比例急剧下降。

按照工作技能水平的不同将样本分为"体力为主，包含少部分技能或不包含技能""体力和技能各占一半""技能为主，包含少部分体力或不包含体力"三组。和在受教育水平中的分析结果相似，但生产型贷款需求在三组中所占比例均小于50%。

5.1.2.2　非收入因素对农户贷款用途影响

分析结果显示，户主年龄在25岁以下的农户组生产型贷款需求和非生产型贷款需求各为50%；户主年龄在25~40岁的农户组非生产型贷款需求与生产型贷款需求差异较大，分别占所在组的七成和三成；户主年龄在40~55岁的农户及55岁以上农户贷款用途多表现为非生产型，55岁以上组农户两种贷款需求差异相对25~40岁组农户较小。户主不同性别与贷款用途的交叉统计结果显示，户主性别为女性的农户贷款用途基本为非生产型。农户已有资产价值在5万元以下的农户中，贷款用途为生产型的农户所占比例为27.7%；5万~10万元的农户组中，该组比例与第一组差异不大；10万~15万元及15万元以上的农户生产型贷款需求所占比例差异达20%。观察统计结果可以发现，生产型贷款需求在各组中所占比例有较大差异，随着资产价值总数上升而迅速上升。统计结果显示，在不具有家庭社会关系的农户组中，非生产型贷款需求和生产型贷款需求所占比例分别为六成以上和四成以下。在具有家庭社会关系的农户组中，非生产型贷款需求超过65%，生产型贷款需求所占比例不足35%，表明是否具有家庭社会关系对农户贷款用途影响不大。家庭人口规模在6人及以上的农户组非生产型贷款需求与生产型贷款分别占该组的55%左右和45%左右；人口规模在3~6人的农户组两种贷款用途类型分别为60.9%和39.1%；人口规模在3人及以下的农户两种贷款分别为七成以上和三成以下。生产型贷款用途所占贷款需求比例随着家庭人口数量的上升呈现上升趋势。土地规模与贷款用途之间的交叉影响结果与人口规模不同，但各组中生产型贷款所占比例较人口规模更低，且随着土地数量的增加，生产型贷款需求在各组中所占比例呈现显著变化。土地规模在2亩以下和5亩以上的农户非生产型贷款需求所占比例差异不大，均为六成以上，生产型贷款需求所占比例均在四成以下。分析结果显示，表示很了解贷款政策的农户生产型贷款需求所占比例高于不了解贷款政策的农户组。随着对贷款政策认知程度的降低，非生产型贷款需求所占比例越来越大。对贷款政策不了解的农户组，其非生产型贷款比例超过65%。

5.1.3 收入质量对农户贷款用途影响的计量分析

5.1.3.1 计量模型构建与变量选择

与上阶段研究相似，农户贷款用途实质是一个资金投入方向选择问题，即选择生产型投资还是非生产型支出，因变量是一个离散变量。因此，本阶段研究与上一阶段研究一样，直接运用二元Logistic模型考察465个有贷款需求的农户的收入质量对其贷款用途的影响。模型表达式如下：

$$P(Y_i) = F(\alpha + \sum \beta_i X_i + \mu) = \frac{1}{\sigma\sqrt{2\pi}} e^{-\frac{1}{2\sigma^2}\sum(Y_i-\beta_0-\beta_i X_i)}, \quad i=1,2,\cdots,n$$

(5.1)

其中，$P(Y_i)$为第i个农户具有生产型贷款需求的概率，Y_i表示第i个农户是否具有生产型贷款需求。X_i为解释变量，β_0为常数项，β_i为解释变量系数，$i=1,2,3,\cdots,n$。

依据前文分析,本部分研究选择农户收入质量相关变量和其他非收入变量,探究农户贷款用途影响因素。变量名称及预期假设如表5-1所示。

表5-1　　　农户贷款用途影响因素分析的变量选择及预期作用方向

变量名称	预期影响方向	变量名称	预期影响方向
近三年年均纯收入	+	工作技能水平	+
近三年家庭收支情况	+	户主年龄	?
家庭储蓄情况	+	户主性别	+
务工收入波动程度	+	已有资产价值	+
务农收入波动程度	+	家庭社会关系	?
务工收入/总收入	+	家庭人口规模	?
近三年年均务工成本	−	家庭土地规模	+
近三年年均务农成本	−	政策认知程度	+
户主受教育程度	+		

注:农户贷款用途的变量定义为,"生产型=1,非生产型=0",本部分其他变量定义与上一章变量定义相一致,在此不作赘述。

5.1.3.2　模型回归结果

本书运用SPSS19.0软件,对Logistic模型中的变量进行参数估计,具体回归结果如表5-2所示。

表5-2　　　农户贷款用途影响因素的二元Logistic回归结果

解释变量		模型一		模型二	
		回归系数	标准误	回归系数	标准误
收入充足性	收入数量	0.667***	0.112	0.786***	0.124
	近三年家庭收支	0.030	0.179	0.076	0.203
	家庭储蓄情况	0.418***	0.107	0.254**	0.116
收入稳定性	务工收入波动程度	0.269*	0.149	0.332*	0.180
	务农收入波动程度	0.108	0.162	0.137	0.168
收入结构性	务工收入/总收入	0.195**	0.094	0.235**	0.112

续表

解释变量		模型一		模型二	
		回归系数	标准误	回归系数	标准误
收入成本性	近三年务工成本	0.015	0.149	0.028	0.154
	近三年务农成本	-0.089	0.094	0.157	0.098
收入知识性	户主受教育程度	0.487***	0.155	0.292*	0.169
	工作技能水平	0.255*	0.144	0.288*	0.152
非收入因素维度	户主年龄	—	—	0.026	0.155
	户主性别	—	—	0.001	0.522
	农户已有资产价值	—	—	0.979***	0.115
	家庭社会关系	—	—	-0.217	0.283
	家庭人口规模	—	—	-0.068	0.243
	家庭土地规模	—	—	0.098	0.142
	对贷款政策认知	—	—	0.652**	0.321
-2对数似然值		302.525		268.782	
模型拟合优度		0.509		0.543	

注：*、**、*** 分别表示显著性水平为10%、5%和1%。

模型一中只包含收入质量因素，不包含农户非收入因素，模型二则包含所有因素。表5-2显示，模型二的模型拟合结果要好于模型一。观察可知，收入充足性维度中的变量收入数量、家庭储蓄情况以及收入稳定性维度中的务工收入波动情况、收入结构性维度中的务工收入占家庭收入比例、收入知识性维度中的户主受教育程度和工作技能水平在两个模型中对有农户贷款用途均影响显著，且为正向影响。非收入因素中的农户已有资产价值和户主对贷款政策的认知程度通过了显著性检验，亦为正向影响。

5.1.3.3 回归结果讨论

（1）收入质量对农户贷款用途的影响。

第一，收入充足性方面。变量家庭收入数量以及储蓄情况通过了显著性检验，为正向影响，符合预期假设。这说明，收入越充足的家庭容易产生生产型贷款需求。这是因为，已有研究结果表明，收入数量较高且略有储蓄的农户能够提供或部分提供生产型投资所需的原始资金，这是产生生产型贷款需求的前提。家庭收支情况未通过显著性检验,这与预期假设不符。调研中发现,一些收大于支的农户,其贷款用途也为建房、添置汽车等非生产型,表明农村地区生产型贷款需求普遍不强,一些具备进行生产型投资的农户出于对风险的敏感,不产生生产型贷款需求。

第二,收入稳定性方面。变量近三年务工收入波动情况通过了显著性检验,且为正向影响,符合预期假设。这说明,务工收入上涨较多的农户容易产生生产型贷款需求。这可能是因为,务工收入上涨较多的农户务工年限一般较长,并且换行业频率较低。在长期从事某项工作后,在自身技术更加熟练,更加能够胜任本职工作的同时,对该行业、该领域的发展状态认识逐渐深刻,对本领域的发展前景展望逐渐清晰,对自己把握机会的能力逐渐自信,容易产生生产型贷款需求。变量近三年务农收入波动情况不显著。虽然相对于调研总体样本,本阶段样本中包含规模化种植的农户所占比重更大,但这些农户务农收入波动易受市场行情影响,导致其产生不同种类贷款需求。既有家庭储蓄情况一般的农户,由于收入波动较大导致可支配资金出现短缺,容易产生非生产型贷款需求,也有发现市场前景较好的农户,产生扩大种植规模的意愿,这部分农户贷款需求多为生产型。但由于调研样本中进行规模化生产农户较少,因此,这部分样本对回归结果影响不显著。

第三,收入结构性方面。变量务工收入占家庭收入比例通过了显著性检验,且为正向影响,符合预期假设。说明家庭收入以打工为主或打工收入所占比重较大的家庭更容易产生生产型贷款需求。这需要从打工行为对人的影响角度加以分析。打工在增加打工者收入的同时,打工者的一些固有理念、生活习惯、处事作风等都会发生改变。贷款行为是在社会发展到一定程度的情况下产生的,当一个人的收入主要来源于传统农业运营方式,长期处于传统的农业生活方式中,其对贷款的认识往往侧重于缓解生活资金不足方面,是片面的、不客观的,甚至是错误的,具体到行为上就表现出不愿进行生产型贷款行为。当打工者的收入越来越多的来自非农领域,生活环境也由原先的纯农业环境逐渐转化为较为先进的城市与农村复合环境,其眼界和思路较之过去也更加开阔,对于贷款的认识也更加深刻,对于贷款的了解也更加细化,对于自身的发展也有更高的期望。在这样的情况下,容易激发生产型贷款需求。

第四,收入成本性方面。成本性维度中的自变量未通过显著性检验。虽然上一章研究表明,收入成本性维度中的生活成本支出数额可由农户自主决定,对农户收入数量影响显著。但在本章的研究中,由于研究对象均为有贷款意愿的农户，无论其收入状况如何，其生活成本支出差距并不大，样本存在一定程度上的同质性，因此，未通过显著性检验。其余变量工作成本、求职成本、健康成本均未通过显著性检验，说明这些因素对农户贷款用途的影响较小。

第五，收入知识性方面。与前一阶段不同，在本阶段的收入质量回归模型中，受教育水平的回归结果显著，为正向影响，符合预期假设，这与本阶段的样本之间的收入质量差异性较大有关。主要是因为在教育方面投入了更多的成本（经济成本、时间成本）后，受教育的人眼界更为开阔，思路更加灵活，与其他没有受过太多教育的人相比更加善于识别和把握投资的机会，更具有进行生产型投资的能力；而受教育程度相对较低的人，对错综复杂的客观世界进行较为准确的分析和判断的能力较弱，将贷款投资视为复杂且风险较高的行为，害怕投资不成失去抵押物。而根据边际收益递减的规律我们可以知道，获得同样多物品给人带来的满足度比失去同样多物品给人带来的打击度小，出于人的风险厌恶性，做出的决策往往都是风险规避的。在自己不能很有效地对未来的经济形势做出预期，自我感觉投资风险较高的前提下，这部分人往往不容易产生生产型贷款需求。工作技能水平对农户贷款用途影响显著，但影响水平低于受教育水平。这可以理解为，没有技能或者技能水平较低的人，收入状况较差，没有足够的资金积累，并且在行业发展、风险判断方面没有明显优势，不敢也不愿进行生产型投资；而工作技能较高的农户，其收入状况较一般农户更好，能够应对日常生活开销，不易产生非生产型贷款需求，同时，其承担风险能力也更强，对市场行情、行业发展等能够做出一定的判断，贷款用途多为生产型。

(2) 非收入因素对农户贷款用途的影响。

第一，户主年龄与性别。年龄对贷款用途的影响不显著。调研中发现，尽管有贷款需求的农户年龄分布较分散，但各个年龄段的农户的贷款用途均表现为非生产型居多，生产型贷款所占比重较少，这也从侧面证实了农村地区生产型贷款需求不足的现实。由于样本存在一定的同质性，户主性别对于农户贷款用途的影响不显著。

第二，农户已有资产价值。该变量通过了显著性检验，且为正向影响，符合预期假设。家庭资产越多，说明能够用于抵押的资产也越多，农户融资能力亦有所增强。同时，资产较多的农户与一般农户相比往往具有某一方面突出能力，如工作技能突出、投资眼光独到等，这些优势都会激发农户产生生产型贷款需求。同时，资产较多的农户，其非生产型支出基本不存在资金约束，因此，其贷款需求多为生产型。

第三，家庭社会关系。该变量未通过显著性检验。这主要是因为农户是否有亲属在正规金融组织工作能够对农户的贷款需求产生影响，如为农户提供贷款政策讲解、为农户进行贷款担保等，但并不能直接影响农户的贷款用途。出于理性人假设，农户都是依据自身情况决定经济行为。贷款用途更多地受到农户内在条件的影响，社会关系等外在条件对其影响不大。

第四，家庭人口规模。该变量未通过显著性检验。说明人口规模对农户贷款用途不构成影响。对于农户中的户主来讲，每个家庭成员都会给户主带来收益（如给父母给付的劳动所得），同样，户主也会支付成本（如为其承担的教育支出、结婚花费等）。有些人口规模小的农户由于子女教育支出较少，家庭可支配资金较充足，户主能力较强，会产生生产型贷款需求；有些人口规模小的农户由于劳动力较少，家庭可支配资金较紧张，容易产生非生产型贷款需求。有些人口规模大的农户劳动力充裕，家庭可支配资金充足，产生生产型贷款需求；有些人口规模大的农户，由于家庭成员能力有限，给家庭带来的收益无法抵消家庭为其投入的成本，因此，这部分农户容易产生非生产型贷款需求。

第五，家庭土地规模。该变量未通过显著性检验，与预期假设不符。根据预期假设，土地规模大的农户可以进行规模化种植，容易产生生产型贷款需求。但调研中发现，除过土地规模外，农户能否进行规模化种植还受其他多种因素影响，既有土壤条件、气候、水资源等自然因素，也有家庭劳动力数量、运输条件、市场预期等社会因素。因此，很多土地规模较大的农户进行生产型投资的想法并不强烈，同时，一些已经进行规模化经营的农户，处于对市场波动的担忧，不愿扩大种植规模，其贷款用途也多为购房、购车等非生产型用途。

第六，户主对贷款政策的了解程度。该变量通过了显著性检验，且为正向影响，符合预期假设。这表明，户主了解贷款政策的农户，其贷款需求多为生产型。对于贷款政策较为了解的农户，从正规金融组织获取贷款的期望越高，其了解贷款政策的主观意愿越强烈，因此，较一般农户更了解贷款政策，同时，由于我国农村正规金融组织大多满足农户生产型贷款需求，因此，这部分具有贷款需求的农户其贷款用途多为生产型。

5.2 收入质量对农户贷款渠道影响研究

贷款渠道是农户贷款行为的重要环节,不仅体现着农村金融市场上的资金供给情况,也反映着农户对于成功获得贷款的预期。调研中发现,在不同假设前提下,农户融资渠道偏好存在较大差异。当假设从正规金融组织和非正规金融组织均能及时获得贷款时,84.9%的农户选择通过正规金融组织融资。进一步询问原因时发现,多数农户认为向正规金融组织贷款不存在"人情成本"。当假设二者放款周期一样时,调查结果与前一假设结果相仿。当不做任何假设询问农户日常融资偏好时,收入状况较差的农户表示偏好通过非正规金融组织融资,主要是因为这种融资方式获取贷款的可能性较高,从正规金融组织获得贷款的可能性较低。收入状况较好的农户则表示愿意通过正规金融组织获得贷款,原因是这种融资方式不会产生"人情成本",农户心理压力更小。

5.2.1 影响机理分析

调研样本特征分析结果显示,在不考虑自身条件、还款压力以及贷款可获得性等客观因素的条件下,几乎所有样本均选择向正规金融组织贷款。在考虑客观因素制约的条件下,大量相关研究指出,还款期限、放款周期、最高放款规模、农户收入水平以及对自身获取贷款的期望会影响其贷款渠道的选择。从收入质量角度分析,其各维度对于农户的贷款渠道均会产生影响。收入充足性方面,一般认为收入数量较少、家庭收支状况较差、储蓄规模较小的农户倾向选择非正规金融组织贷款,收入数量较多、家庭收支状况较好、储蓄较多的农户倾向选择正规金融组织贷款。这主要是因为,农户收入越充足,越容易获得正规金融组织的贷款授信,这提高了农户从正规金融组织获取贷款的预期,这部分农户可能更愿意选择正规金融组织作为贷款渠道。收入稳定性方面,收入增长较快的农户,其收入状况往往较好,自有资金较充足,能够从正规金融组织获取授信,这部分农户大多选择正规金融组织贷款;反之,收入下降较多的农户,大多收入水平较低,无法顺利通过正规金融组织的授信,进而难以从正规金融组织获取贷款,因此,这部分农户往往选择向非正规金融组织贷款。

收入结构性方面,由于农业生产的投资回报率较低,以非农业收入为主的农户,其收入状况往往较好,更容易从正规金融组织那里获得贷款,这部分农户大多倾向正规金融组织贷款；反之，以农业收入为主的农户，其收入状况往往较差，在当前正规金融组织多以收入水平为主要授信依据的大环境下，对其贷款申请获得正规金融组织批准的心理预期较低，这部分农户大多倾向通过非正规渠道进行融资。收入成本性方面，前文研究表明，收入成本较高的农户，其获取收入的效率较低，相应其收入数量一般较低，应倾向向非正规金融组织贷款；反之，收入成本较低的农户，其获取收入的效率往往较高，自有资金较为充足，从正规金融组织获取贷款的心理期望较高，这部分农户更倾向通过正规金融组织融资。收入知识性方面，农户知识储备程度及工作技能越高，其收入状况往往越好，并且理解正规金融组织贷款政策的能力也越强，应当更多选择向正规金融组织贷款；反之，农户知识储备程度及工作技能越低，其收入状况往往越差，应当更多选择向非正规金融组织贷款。

农户非收入因素方面，户主年龄与农户选择正规贷款渠道融资应呈负向相关关系。户主年龄较小的农户学习能力及体力均较好，对贷款政策认知程度较深，并且社会关系较年龄大的农户更少，大多倾向通过正规金融组织进行融资。随着户主年龄的增大，其获取收入能力及接受信息能力均有所下降，但社会关系积累逐渐变多，大多偏好通过非正规金融组织进行融资。户主性别方面，不同性别的户主对于不同贷款渠道会有不同偏好。男性户主对于政策的了解程度及风险承担能力应该更高于女性，相对而言更容易选择"通融弹性"较小的正规贷款渠道。女性虽在体力方面略有劣势，但与其他农户相互之间人际交往更加频繁，容易比男性积累更多的人际关系，再加上对公权力的了解欠缺及对资金风险的不敏感，更容易通过非正规金融组织进行融资。

家庭资产总值方面，家庭资产是正规或非正规金融组织评估贷款人还款能力的重要参考因素。由于正规金融组织的贷款审批条件更为严格，家庭资产较小的农户更有可能倾向于非正规金融组织贷款。家庭资产价值较高的农户，从正规金融组织获取贷款的可能性比资产较少的农户更高，为节约"人情成本"以及维护家庭在当地的威望，选择正规金融组织贷款的可能性更大。有亲戚朋友在金融机构工作农户，对于贷款政策的把握以及提供贷款担保人等方面均具有较明显优势，正规渠道融资成本较其他农户更小，容易选择正规金融组织融资。家庭人口规模方面，研究显示，家庭人口规模与农户社会交往范围呈现一定对应关系（陈大军，2001），因此，家庭人口较少的农户，受人际关系方面的约束，同时家庭开支较少，资金状况较好，更倾向通过正规金融组织贷款。而家庭人口规模较大的农户，家庭开支较大，则更倾向通过非正规贷款组织融资。家庭土地规模方面，按照当前正规金融组织的贷款抵押政策，农户的土地承包权不能作为抵押资产申请贷款，大量农户通过非正规金融组织将土地经营权作为抵押而获取贷款，因此，土地规模较大的农户，其选择非正规金融组织融资的可能性也更大。对于贷款政策越了解的农户，对于正规金融组织的各项规定更加熟悉，在贷款材料准备等方面更具有优势，更容易通过正规渠道获得贷款。贷款规模方面，贷款规模越小的农户，越有可能选择非正规金融组织贷款。这主要是因为此类型农户往往收入水平较低，同时，正规金融组织贷款手续及放款周期较长，贷款人精力投入较多，不易通过正规金融组织获得贷款。贷款规模较大的农户，由于其所需金额较大，通过非正规金融组织融资较困难，因此，多偏好向正规金融组织贷款。

5.2.2 统计分析

从整体样本来看，虽然多数农户倾向于通过正规金融组织融资，但由于对从正规贷款渠道获得贷款的悲观估计，近三年实际向正规金融组织提出过贷款申请的农户只占有贷款需求农户的39.1%。下面分别从收入质量角度及农户非收入因素角度对农户贷款渠道进行比较分析。

5.2.2.1 收入质量与农户贷款渠道的交叉统计分析

（1）收入充足性与农户贷款渠道。近三年年均收入在2万元以下的农户中，选择正规金融组织融资比例为30%左右，2万~4万元的农户该组比例与第一组差异不大，4万~6万元的农户该组比例则达到60%以上，6万元以上农户选择正规金融组织融资比例更是高达80%以上，依据分析结果，随着收入数量的增加，农户选择正规金融组织的比例呈现上升趋势，但上升速度逐渐减慢。

收支情况为入不敷出的农户中，选择非正规金融组织融资的比例超过60%，收支相等的农户该组比例与第一组差异不大，收大于支的农户选择非正规金融组织融资比例则有所下降。三组比较可知，家庭收支状况较好的农户选择正规金融组织融资的比例最高，收支状况较差的农户选择非正规金融组织融资的比例最高，但两种融资渠道在各组中所占比例差异较小。

储蓄情况为2万元以下的农户中，选择正规金融组织融资的比例超过30%，2万~5万元的农户该组比例为50%左右，5万元以上的农户该组比例超过60%。观察可知，第一、第三组农户两种融资渠道差异较大，第二组农户二者差异较小。随着家庭储蓄水平的上升,通过正规金融组织融资农户所占比例也有所上涨。

(2) 收入稳定性与农户贷款渠道。务工收入波动在下降10%以上的农户选择正规金融组织融资的比例为40%以下,波动范围在无显著变化的农户组该组比例与第一组基本一致,上升10%以上的农户该组比例则超过40%。选择正规金融组织融资的农户在各组中所占比例均在50%以下,但两种融资渠道在每组中所占比例无较大差异。

务农收入波动在下降10%以上的农户选择正规金融组织融资的比例超过40%,无显著变化农户组该比例则低于40%,上升10%以上农户组该组比例与第二组相似。观察可知,三组中两种贷款渠道差异无显著变化。

(3) 收入结构性与农户贷款渠道。务工收入占家庭收入比例40%以下农户选择正规金融组织融资的比例超过30%,40%~70%农户组该比例与第一组相似,70%以上的农户该比例则超过了50%。观察发现,随着务工收入在家庭中所占比例的上升,向正规金融组织融资的农户在各组中所占比例呈现先下降后上升趋势,且随着务工收入所占家庭收入比例越来越高,两种贷款渠道所占比例差距逐渐减小。

(4) 收入成本性与农户贷款渠道。近三年年均务工成本在2000元以下的农户选择正规金融组织融资比例超过40%,2000~3000元的农户选择正规金融组织融资比例为30%左右,3000元以上的农户选择正规金融组织融资比例为45%左右。观察发现,向正规金融组织融资的农户在各组中所占比例呈现"U"型趋势,第一组与第三组中,两种贷款渠道所占比例差异较小。

近三年年均务农成本在1000元以下的农户选择非正规金融组织融资比例为60%左右,1000~2000元的农户选择非正规金融组织融资比例接近70%,2000元以上的农户选择非正规金融组织融资比例则低于60%。向非正规金融组织融资的农户所占比例在各组中呈现倒"U"型趋势,在第一组和第三组中差异不大。

(5) 收入知识性与农户贷款渠道。户主受教育水平在小学毕业及以下的农户选择非正规金融组织融资比例超过60%,初中毕业的农户该组比例接近70%,高中或中专毕业的农户该组比例为50%左右,大专毕业及以上的农户选择非正规金融组织融资比例为40%左右。观察可知,两种贷款渠道在各组中所占比例相差较大,但未随户主受教育水平的上升呈现明显的上升或下降趋势。按照工作技能水平的不同将样本分为"体力为主,包含少部分技能或不包含技能""体力和技能各占一半""技能为主,包含少部分体力或不包含体力"

三组，观察发现，随着工作技能水平的提高，选择正规金融组织融资的农户所占比例有所上升，上升速度呈现先慢后快的趋势。

5.2.2.2 非收入因素与农户贷款渠道的交叉统计分析

分析结果显示，户主年龄在 25 岁以下的农户选择非正规金融组织融资和正规金融组织融资比例各为 50%，户主年龄在 25~40 岁的农户该组比例分别为 56% 和 44% 左右，户主年龄在 40~55 岁的农户的农户该组比例分别为七成和三成左右，55 岁以上农户该组比例与 40~55 岁农户相似。在不同组别中，向正规金融组织融资的农户均未超过 50%。户主不同性别与贷款用途的交叉统计结果显示，户主性别为女性的农户贷款渠道基本为非正规金融组织，户主性别为男性的农户选择非正规金融组织融资比例超过 60%。农户已有资产价值在 5 万元以下的农户选择非正规金融组织融资的比重超过 70%，5 万~10 万元的农户该比例为 60% 左右，10 万~15 万元及 15 万元以上的农户该比例均为 50% 左右。观察统计结果可以发现，随着家庭资产的增加，选择正规金融组织融资农户所占比重基本程序上升趋势，但上升速度较慢。在不具有家庭社会关系的农户组中，选择非正规金融组织融资和正规金融组织融资的比重分别为 60% 以上和 40% 以下。在具有家庭社会关系的农户组中，这组比例则基本为各 50%。这表明在丝绸之路沿线省份农户社会关系是其贷款渠道的选择的参考因素之一。人口规模在 6 人及以上的农户选择非正规金融组织融资和正规金融组织融资比例分别为 60% 以上和 40% 以下，人口规模在 3~6 人的农户两种融资渠道比例与第一组相似。人口规模在 3 人及以下的农户两种融资渠道比例分别为 60% 以下和 40% 以上。随着家庭人口规模的增加，选择正规金融组织融资的农户所占比例逐渐下降，但各组间差异不大。土地规模在 2 亩以下的农户选择非正规金融组织融资的比例超过 70%，2~5 亩的农户该组比例为 60% 左右，5 亩以上的农户该组比例与第二组相似，土地规模与贷款渠道之间的交叉影响结果与人口规模相似，随着土地数量的增加，两种融资渠道在各组中所占比例并未呈现显著变化。户主贷款政策了解程度方面，表示了解贷款政策的农户选择正规金融组织融资的比例达到 50% 左右，对贷款政策不了解的农户组中选择非正规金融组织融资的比例超过 60%。这表明随着对贷款政策认知程度的降低，选择非正规金融组织融资的农户所占比例扩大。贷款规模为 5000 元以下的农户选择非正规金融组织融资的农户所占比例为 70% 左右，5000~10000 元的农户该比例为 60% 左右，10000~30000 元的农户该比例为

50%左右，30000元以上的农户该比例与第三组相似，随着贷款规模的扩大，选择正规金融组织融资的农户所占比例有所上升。

5.2.3 收入质量对农户贷款渠道影响的计量分析

5.2.3.1 计量模型构建与变量选择

农户对于贷款渠道的选择主要出于对能否获得贷款的预期，由于两种贷款渠道均强烈关注农户收入状况的好坏，因此，与之前研究一样，本阶段研究依然采用二元Logistic模型进行分析，模型表达式如下：

$$P(Y_i) = F(\alpha + \sum \beta_i X_i + \mu) = \frac{1}{\sigma\sqrt{2\pi}} e^{-\frac{1}{2\sigma^2}\sum(Y_i - \beta_0 - \beta_i X_i)}, \quad i = 1, 2, \cdots, n \quad (5.2)$$

其中，$P(Y_i)$为第i个农户选择正规贷款渠道进行融资的概率，Y_i表示第i个农户是否选择正规贷款渠道。X_i为解释变量，β_0为常数项，β_i为解释变量系数，$i = 1, 2, 3, \cdots, n$。

依据前文分析，这里选择农户收入质量相关变量和其他非收入变量，探究农户贷款渠道的影响因素。变量定义及预期假设如表5-3所示。

表5-3　　农户贷款渠道影响因素分析的变量选择及预期作用方向

变量名称	预期影响方向	变量名称	预期影响方向
近三年年均纯收入	+	工作技能水平	+
近三年家庭收支情况	+	户主年龄	-
家庭储蓄情况	+	户主性别	+
务工收入波动程度	+	已有资产价值	+
务农收入波动程度	+	家庭社会关系	+
务工收入/总收入	+	家庭人口规模	-
近三年年均务工成本	+	家庭土地规模	+
近三年年均务农成本	+	政策认知程度	+
户主受教育程度	+	贷款规模	+

注：农户贷款渠道的变量定义为，"银行等正规贷款渠道=1，亲戚朋友等非正规贷款渠道=0"，贷款规模的变量定义为"5000元以下=1，5000~10000元=2，10000~30000元=3，30000元以上=4"。本部分其他变量定义与上一章变量定义相一致，在此不作赘述。

5.2.3.2 模型回归结果

本书运用 SPSS19.0 软件，对 Logistic 模型中的变量进行参数估计，农户贷款用途决定方程的拟合结果和回归结果如表 5-4 所示。

表 5-4　　　农户贷款渠道影响因素的二元 Logistic 回归结果

解释变量		模型一		模型二	
		回归系数	标准误	回归系数	标准误
收入充足性	收入数量	0.311***	0.093	0.230**	0.102
	近三年家庭收支	0.316**	0.160	0.391**	0.180
	家庭储蓄情况	0.236**	0.098	0.230**	0.102
收入稳定性	务工收入波动程度	0.273*	0.158	0.281*	0.166
	务农收入波动程度	0.246	0.150	0.189	0.157
收入结构性	务工收入/总收入	0.245**	0.098	0.205*	0.106
收入成本性	近三年务工成本	0.104	0.133	0.159	0.140
	近三年务农成本	0.126	0.082	0.137	0.090
收入知识性	户主受教育程度	0.290**	0.144	0.353**	0.155
	工作技能水平	0.550***	0.136	0.533***	0.143
非收入因素维度	户主年龄	—	—	0.029	0.139
	户主性别	—	—	0.111	0.451
	农户已有资产价值	—	—	0.235**	0.105
	家庭社会关系	—	—	0.017	0.247
	家庭人口规模	—	—	0.106	0.210
	家庭土地规模	—	—	0.085	0.109
	对贷款政策认知	—	—	0.368*	0.193
	贷款规模	—	—	0.315**	0.125
-2 对数似然值		341.486		251.514	
模型拟合优度		0.439		0.515	

注：*、**、***分别表示显著性水平为 10%、5% 和 1%。

依据表 5-4，两种模型的拟合结果均在可接受范围，相较而言模型二的解释力更强。依据回归结果，收入充足性维度中的变量收入水平、家庭收支状况、家庭储蓄情况以及收入稳定性维度中的变量务工收入波动情况、收入结构性维度中的务工收入占家庭总收入比例、收入知识性维度中的户主受教育程度和工作技能对农户贷款渠道影响显著，均为正向影响。非收入因素方面，变量农户已有资产价值、户主对正规贷款政策认知以及贷款规模对农户贷款渠道影响显著，且为正向影响。

5.2.3.3 回归结果讨论

（1）收入质量对农户贷款渠道的影响。

第一，收入充足性方面。变量收入水平、家庭收支状况以及家庭储蓄情况通过了显著性检验，为正向影响，符合预期假设。这表明家庭收支状况越好、储蓄规模越大、收入水平越高的农户更愿意通过正规金融组织贷款。这主要是因为，这部分农户对于自己从正规金融组织获得贷款的信心较强，并且更在意居住地居民对自己的评价，多数样本认为向非正规金融组织贷款会影响家庭在当地的威望，"人情成本"较高，因此，不愿向非正规金融组织贷款。

第二，收入稳定性方面。变量近三年务工收入波动情况通过了显著性检验，为正向影响，符合预期假设。这可以解释为，务工收入下降越多的农户，往往收入及资产积累较少，通过正规金融组织获得贷款的可能性较低，因此，偏好通过非正规金融组织贷款。务工收入上涨较多的农户，绝大部分收入水平往往较高，容易通过正规金融组织获取贷款。变量务农收入波动程度对于农户贷款渠道的选择不构成影响，这主要是因为随着城乡交流程度的加深，务农收入对于农户的经济生活影响越来越低，进而对农户贷款渠道选择不构成影响。

第三，收入结构性方面。变量务工收入占家庭收入比例通过显著性检验，为正向影响，符合预期假设。多数学者指出，经济快速发展中的国家，工业领域的收入获取效率要高于农业领域，因此，从事工业劳动生产的行为人收入水平高于从事农业生产劳动的行为人。当前，我过正处于经济快速发展时期，一般而言，务工收入占家庭收入比重较高的农户，其收入水平一般高于务工收入占家庭收入比重较低的农户，因此，这部分农户更倾向通过正规金融组织获取贷款。

第四，收入成本性方面。该维度的两个变量均未通过显著性检验。与在农户贷款用途中的研究相似，由于传统思想中节约观念的普及和对家庭事务的责任感，具有贷款需求的农户生活成本差距不大，享受性支出很少，多为维持基本生活的支出，一定程度上造成样本同质性。影响机理分析表明，务农成本较高的农户，其种植规模往往较大，容易符合国家农业发展相关扶持政策所要求的条件，应该更偏好向正规金融组织贷款。但在实际调研中发现，一些务农成本较高的农户出于放款周期等方面的考虑，也选择通过非正规贷款渠道融资。

第五，收入知识性方面。变量受教育水平和工作技能水平的回归结果显著，为正向影响，符合预期假设。教育程度越高的农户，越倾向通过正规金融组织获得贷款。这可以理解为，受教育程度越高的农户，在当地及亲朋好友间的声誉及威望越高，同时，这部分农户较之受教育程度较低的农户，更在意"人情成本"。很多人认为如果通过非正规金融组织融资，会导致自身在当地的声誉及威望受损。工作技能水平对农户贷款渠道也具有显著影响。技能水平越高的农户，越倾向通过正规金融组织获得贷款。这主要是因为，技能水平较低的农户收入状况较差，通过正规金融组织获取贷款的可能性较低，只能通过非正规金融组织融资；技能水平较高的农户，收入状况、还款能力也较好，通过正规金融组织获取贷款的可能性较一般农户更高，因此，偏好通过正规金融组织融资。

（2）非收入因素对农户贷款渠道的影响。回归结果显示，户主年龄对贷款渠道的影响不显著。这主要是因为，农户选择不同贷款渠道融资主要是出于不同的贷款获取预期，而无论是正规金融组织还是非正规金融组织，对于贷款申请人的年龄均没有特殊要求。户主性别未通过显著性检验。与之前研究状况相似，在本阶段研究中，户主性别多为男性，样本存在一定程度同质性。农户已有资产价值通过了显著性检验，为正向影响，符合预期假设。家庭资产越多，说明能够用于抵押的资产也越多，农户融资能力亦有所增强，容易通过正规金融组织获取贷款。家庭社会关系未通过显著性检验。调研中发现，多数农户表示随着正规金融组织工作越来越规范，人情关系在贷款获取方面所起到的作用已越来越小，收入和家庭资产积累情况是农户能否从正规渠道获取贷款的最主要影响因素，其余因素的影响程度已大大降低。家庭人口规模未通过显著性检验，表明人口规模对农户贷款渠道不构成影响，不符合原假设。按照理论假设，人口规模小的农户由于社会资源的欠缺，多倾向通过正规金融组织融资；反之，则倾向通过非正规金融组织融资。但现实中人口规模小的农户也有很多通过非正规金融组织融资，人口规模大的农户也有很多通过正规金融组织融资。这主要是因为，人口规模与农户社会资源之间并无显著影响。与城镇居民相比，农村人口相互往来更加频繁，使得单个行为人的社会交往更为广泛。变量家庭土地规模未通过显著性检验，不符合预期假设。这主要是因为调研中发现一些家庭土地规模较大的农户出于放款周期和贷款成本（往返金融组织所需的交通费、时间及贷款材料准备等）方面的考虑，也选择通过非正规贷款渠道融资。变量户主对贷款政策的了解程度通过了显著性检验，为正向影响，符合预期假设。表明户主对贷款政策越了解的农户，越倾向通过正规金融组织获取贷款。这主要是因为，由于户主对贷款政策的了解，使得农户对通过正规金融组织获取贷款的预期有所上升。同时，在调研中还发现，对贷款政策越了解的农户其家庭状况往往较好，很多都符合农村金融机构的放款标准。这可以解释为，由于家庭具备从正规金融组织获取贷款的可能性，激发户主对贷款政策的学习积极性。

贷款规模通过显著性检验，为正向影响，与预期假设一致，符合预期假设，表明贷款数额较小的农户倾向向非正规金融组织融资；反之，则倾向向正规金融组织申请。这主要是因为，农户是理性人，会理性地衡量各种贷款渠道的成本和贷款成功的可能性。向亲戚朋友等熟人贷款的好处是放款周期较短且不需要承担利息支出，但需要承担"人情成本"，且贷款数额越大，贷款人主观感受到的"人情成本"越多；向银行等正规金融组织申请贷款的好处是无论数额多少均不存在"人情成本"（仅指没有亲属在银行工作的前提下）。因此，当贷款数额较低时，农户选择用较少的"人情成本"换取无息贷款和放款时间的及时；当贷款数额较高，一方面，农户认为向亲戚朋友融资成功的可能性较低；另一方面，所需的"人情成本"过高，所以农户选择支付一定利息并承担不及时放款的成本支出方式，向银行等金融机构申请贷款。

5.3 本章小结

本章研究结果表明，受传统小农思想的影响以及现实生活中投资项目较少的约束，丝绸之路沿线省份农户贷款用途多为非生产型，以投资为目标的生产型贷款需求所占比例较小。家庭收入状况较好的农户产生贷款需求的可能性较低，具有贷款需求的农户大多收入状况较差。丝绸之路沿线省份农村地区广泛存在着两种贷款资金来源渠道，两种贷款渠道均能够在一定程度上满足农户贷款需求。农户出于各自不同的经济和社会状况，在不同的贷款渠道之间进行选择。

收入质量对农户贷款用途和贷款渠道均构成影响。影响机理分析显示，收入质量对于农户贷款用途和贷款渠道应具有影响。交叉分析结果显示，不同收入质量的农户对于贷款用途和贷款渠道的选择不同。计量分析结果显示，收入充足性维度中的收入数量、储蓄情况以及收入稳定性维度中的务工收入波动情况、收入结构性维度中的务工收入占家庭收入比例、收入知识性维度中的工作技能水平及户主受教育程度对有农户贷款用途影响显著。收入成本性维度中的变量对农户贷款用途影响不显著。收入充足性维度中的收入数量、家庭收支、储蓄情况以及收入稳定性维度中的近三年务工收入波动情况、收入结构性维度中的务工收入占家庭总收入比例和收入知识性维度中的户主受教育程度、工作技能水平对农户贷款渠道的选择影响显著，均为正向影响。这表明收入质量状况越好的农户，越倾向进行生产型投资和通过正规渠道融资。研究还发现，农户非收入因素中的变量家庭资产总值及对贷款政策的认知对其贷款用途和贷款渠道的影响结果显著，家庭资产总值越多、对贷款政策认知程度越高的农户，其贷款用途多为生产型，偏向通过正规贷款渠道融资；变量贷款规模在5%的水平下对于农户贷款渠道影响显著，且为正向影响。

第6章

丝绸之路沿线省份农户收入质量对贷款行为实施阶段的影响研究

贷款行为实施阶段是农户贷款行为的最终环节，是农户贷款结果的直接体现，由贷款可获得性和还款期限两部分组成。农户贷款可获得性体现着农户的融资能力，同时也反映着农村金融对于推动农村经济发展程度的大小，对金融组织的盈利情况也产生直接影响。而还款期限是农户还款能力的直接体现，同时，也反映着金融组织批准农户贷款申请的决策是否正确。已有研究表明，收入数量是农户贷款可获得性和还款期限的重要影响因素。本章将收入质量概念引入该研究中，探讨收入质量各维度对于农户贷款行为实施阶段的影响。

6.1 收入质量对农户贷款可获得性影响

6.1.1 影响机理分析

农户收入充足性与其贷款可获得性之间可能存在正向相关关系。正规金融组织和非正规金融组织出于控制风险的考虑，会对农户收入数量、家庭收支情况以及家庭储蓄情况进行考察，以评估其贷款风险。金融组织大多认为向收入充足性较好的农户发放贷款的风险较小，这部分农户的贷款可获得性应该较高；反之，收入充足性较差的农户，难以向金融组织表现其还款能力，金融组织也大多认为向这部分农户发放贷款会造成资金风险，这部分农户的贷款可获得性应该较低。

收入稳定性方面，由于丝绸之路沿线省份农户家庭资产积累普遍较少，使得收入波动程度与农户可支配资金方面的相关性更为显著。收入下降越多的农户可支配资金数额应该越少,金融组织出于控制资金风险的考虑,会减小对其发放贷款,这部分农户的贷款可获得性较低;反之,收入上升越多的农户其可支配资金往往较多,自有资金较充足,金融组织认为向其发放贷款的风险可控,愿意为其提供贷款,因此,这部分农户的贷款可获得性应该较高。

收入结构性方面,不同的农户收入结构体现着不同收入来源在农户总收入中所占的比例,会对农户收入状况产生影响,进而影响其贷款可获得性。已有研究表明,农户务工收入获取效率一般高于农户务农收入效率,务工收入所占家庭比例较高的农户,其可支配资金往往较多,金融组织向其发放贷款的积极性较高,这部分农户的贷款可获得性往往较高;反之,家庭收入以务农收入为主的农户,其可支配资金往往较缺乏,金融组织由于担心资金风险过大,往往不愿向其发放贷款,这部分农户的贷款可获得性一般较低。

收入成本性方面,收入成本性反映农户为获取收入所支出的各项花费,体现农户收入获取效率,对农户贷款可获得性具有重要影响。一般而言,收入成本较高的农户,其收入获取效率较低,家庭资金约束较为明显,金融组织大多认为向其发放贷款的资金风险难以控制,这部分农户的贷款可获得性应该较低;反之,收入成本较低的农户,其收入获取效率应该较高,可支配资金较多,这部分农户容易获取金融组织对其还款能力的肯定,贷款可获得性较高。

收入知识性方面,前人研究指出,户主受教育水平和工作技能水平与其实际收入之间存在正向相关关系,收入知识性较高的农户可支配资金一般较多,金融组织一般认为其还款能力较强,因此,这部分农户的贷款可获得性较高;反之,收入知识性较低的农户可支配资金一般较少,金融组织大多认为其还款能力较差,这部分农户的贷款可获得性较低。

农户非收入因素方面,户主年龄应对贷款可获得性呈倒"U"型影响关系。因为年龄过小,资产规模和收入均较少,贷款风险过大;年龄较大的农户,往往已失去劳动能力,且大部分年龄较大的农户与金融机构沟通不畅,也不利于贷款申请通过;只有年龄在30~60岁之间,劳动能力强的农户,资产规模和收入相对可观,获得贷款的可能性较高。户主性别为男性的家庭,收入一般高于户主为女性的家庭,更容易获得贷款。家庭资产价值对农户贷款可获得性有正向影响,资产积累越多的农户,其还款能力更强,贷款风险更小,更有可能获得贷款。社会关系对农户的贷款可获得性应呈正向影响,这一方面源于具有社会关系的农户对贷款相关规定的了解更加透彻;另一方面也因为在我国农村金融领域还不同程度存在着熟人效应、工作不规范等问题，客观上也造成有社会关系的农户更容易获得贷款。家庭人口规模对贷款可获得性的影响不明朗，一方面，家庭人口较多的农户可能收入较高，容易获得贷款；另一方面，人口较多的农户往往支出也较多，生活相对拮据，有可能不容易获得贷款。家庭土地规模对农户贷款可获得性影响不明朗，一方面，土地仍是农户重要的生产资料，土地较多的农户应该具有更强的收入获取能力，贷款可获得性应该更高；另一方面，土地规模较大的农户，其收益往往低于外出务工者，因此，贷款可获得性较小。贷款规模对农户贷款可获得性应具有负向影响，金融组织出于资金安全方面的考虑，对规模较大的贷款发放会更加严格和慎重。户主对贷款政策的认知程度应该对农户贷款可获得性有正向影响。认知程度越高，在准备贷款材料及选择贷款类别方面的准确性也越强，进而其贷款申请通过的可能性也更高。

6.1.2 统计分析

6.1.2.1 收入质量与农户贷款可获得性的交差统计分析

（1）收入充足性与农户贷款可获得性。依据分析结果，随着收入数量的不同，两种贷款可获得性均值呈现上升趋势，并且随着收入数量的增加，其上升速度明显加快。近三年年均收入在2万元以下、2万~4万元、4万~6万元6万元以上农户正规贷款可获得性和非正规贷款可获得性均值分别为0.24和0.46、0.41和0.63、0.43和0.81及0.63和0.90。

收支情况为入不敷出、收支相等和收大于支的农户正规贷款可获得性和非正规贷款可获得性均值分别为0.36和0.56、0.45和0.62及0.42和0.74。比较可知，两种贷款可获得性随收支状况的好转呈现不同变化趋势，农户正规贷款可获得性均值随家庭收支状况的好转呈现倒"U"型态势，非正规贷款可获得性均值随家庭收支状况的好转呈逐渐上升态势。

储蓄情况为2万元以下的农户正规贷款可获得性和非正规贷款可获得性均值分别为0.29和0.57，2万~5万元为0.46和0.68，5万元以上为0.81和0.90。观察可知，随着家庭储蓄额的增加，两种贷款可获得性均有不同程度上升，且上升速度较快。

（2）收入稳定性与农户贷款可获得性。近三年务工收入波动在下降10%

以上的农户正规贷款可获得性和非正规贷款可获得性均值分别为0.42和0.56,无显著变化为0.40和0.59,上升10%以上为0.39和0.70。比较可知,正规贷款可获得性均值在各组中均值差异不大,非正规贷款可获得性在各组中的均值呈现稳步上升态势。

近三年务农收入波动在下降10%以上的农户正规贷款可获得性和非正规贷款可获得性均值分别为0.22和0.65,无显著变化为0.51和0.55、上升10%以上为0.37和0.66。观察可知,正规贷款可获得性均值在各组中呈现先上升后下降趋势,且上升速度快于下降速度,非正规贷款可获得性均值在各组中呈现"U"型趋势。

(3) 收入结构性与农户贷款可获得性。务工收入占家庭收入比例40%以下农户正规贷款可获得性和非正规贷款可获得性均值分别为0.39和0.51,40%~70%为0.43和0.56,70%以上为0.39和0.65。观察发现,正规贷款可获得性均值在各组中无明显差异,非正规贷款可获得性均值在各组中均值差异较大,随着务工收入所占家庭收入比例越来越高,非正规贷款可获得性均值呈现稳步上升趋势。

(4) 收入成本性与农户贷款可获得性。近三年年均务工成本在2000元以下、2000~3000元、3000元以上的农户正规贷款可获得性和非正规贷款可获得性均值分别为0.37和0.47、0.40和0.65、0.39和0.77。与收入结构性统计分析结果相似,正规贷款可获得性均值在各组中无明显差异,非正规贷款可获得性均值随着务工收入所占家庭收入比例越来越高呈现稳步上升趋势,两种贷款可获得性差距逐渐拉大。

近三年年均务农成本在1000元以下、1000~2000元、2000元以上的农户正规贷款可获得性和非正规贷款可获得性均值分别为0.40和0.58、0.45和0.65、0.38和0.62。观察发现,两种贷款可获得性在各组中均值差异不大。

(5) 收入知识性与农户贷款可获得性。户主受教育水平在小学毕业及以下、初中毕业、高中或中专毕业、大专毕业及以上的农户正规贷款可获得性和非正规贷款可获得性均值分别为0.37和0.53、0.43和0.61、0.35和0.66以及0.42和0.66。观察可知,正规贷款可获得性均值在各组中呈现不规则变化,非正规贷款可获得性均值随户主教育水平的提高而上升。

按照工作技能水平的不同将样本分为"体力为主,包含少部分技能或不包含技能""体力和技能各占一半""技能为主,包含少部分体力或不包含体力"三组,三组农户正规贷款可获得性和非正规贷款可获得性均值分别为0.40和

0.52、0.42 和 0.68、0.40 和 0.75。随着工作技能水平的上升，非正规贷款可获得性均值上升速度较快，正规贷款可获得性均值无明显变化。

6.1.2.2 非收入因素与农户贷款可获得性的交叉统计分析

（1）户主年龄与性别与农户贷款可获得性。分析结果显示，户主年龄在 25 岁以下的农户正规贷款可获得性和非正规贷款可获得性均值分别为 0.31 和 0.61，户主年龄在 25~40 岁的农户这一组比例为 0.41 和 0.50，户主年龄在 40~55 岁的农户这一组比例为 0.46 和 0.60，55 岁以上农户这一组比例为 0.31 和 0.68。年龄与两种贷款渠道的可获得性之间并无明显的对照关系，但正规金融组织的贷款可获得性均小于 50%，非正规金融组织的贷款可获得性均大于 50%。户主性别与贷款需求的交叉统计结果显示，户主性别为女性的农户非正规金融组织贷款可获得性更强。

（2）已有资产价值与农户贷款可获得性。农户已有资产价值在 5 万元以下、5 万~10 万元、10 万~15 万元及 15 万元以上的农户正规贷款可获得性和非正规贷款可获得性均值分别为 0.22 和 0.51、0.30 和 0.57、0.37 和 0.68 及 0.80 和 0.85。观察统计结果可以发现，随着农户已有资产价值的增加，两种贷款可获得性均呈现上升趋势。但非正规贷款可获得性一直高于正规贷款可获得性，后者上升速度快于前者。

（3）家庭社会关系与农户贷款可获得性。统计结果显示，在不具有家庭社会关系的农户中，正规贷款可获得性和非正规贷款可获得性均值分别为 0.37 和 0.61，在具有家庭社会关系的农户中这组数据为 0.45 和 0.58。观察统计结果可知，是否具有社会关系与农户正规贷款可获得性存在一定对应关系，这一关系在农户非正规贷款可获得性中并不明显。

（4）家庭人口规模与农户贷款可获得性。人口规模在 6 人及以上的农户正规贷款可获得性和非正规贷款可获得性均值分别为 0.45 和 0.61，人口规模在 3~6 人的农户的农户这组比例为 0.40 和 0.56，人口规模在 3 人及以下的农户这组比例为 0.37 和 0.66。观察统计结果可以发现，两种贷款可获得性在各组中的均值差异不大。

（5）家庭土地规模与农户贷款可获得性。土地规模在 2 亩以下、2~5 亩、5 亩以上的农户正规贷款可获得性和非正规贷款可获得性均值分别为 0.35 和 0.58、0.31 和 0.61、0.56 和 0.62。土地规模与贷款可获得性之间无明显对应关系，随着土地数量的增加，各组中贷款可获得性均值并未有显著变化。

(6) 户主对贷款政策的认知程度与农户贷款可获得性。分析结果显示，在表示了解贷款政策的农户中，正规贷款可获得性和非正规贷款可获得性均值分别为 0.58 和 0.58，表示不了解贷款政策的农户这组比例为 0.32 和 0.61。正规金融组织贷款可获得性随贷款政策认知程度的下降而下降，非正规金融组织贷款可获得性与贷款政策认知程度之间并无明确对应关系。

(7) 贷款规模与农户贷款可获得性。贷款规模分为四组，分别为 5000 元以下、5000~10000 元、10000~30000 元、30000 元以上。四组农户正规贷款可获得性和非正规贷款可获得性均值分别为 0.50 和 0.69、0.38 和 0.60、0.36 和 0.53、0.43 和 0.46。随着贷款规模的扩大，正规贷款可获得性呈现"U"型趋势，非正规贷款可获得性呈现下降趋势，且下降速度较快。

6.1.3 方差分析

6.1.3.1 收入质量影响农户贷款可获得性的方差分析

(1) 收入质量影响农户正规贷款可获得性的方差分析。充足性维度中家庭收支情况的方差齐次性检验 P 值大于 0.05，无效假设 H_0 检验 P 值大于 0.1，表明各组间贷款可获得性均值无显著差异。收入数量和家庭储蓄情况的方差齐次性检验 P 值大于 0.05，无效假设 H_0 检验 P 值小于 0.05，表明各组间均值差异较大。稳定性维度中近三年务工收入波动情况的方差齐次性检验 P 值大于 0.05，无效假设 H_0 检验 P 值大于 0.1，表明各组间均值无明显差异。近三年务农收入波动情况未通过方差齐次性检验，采用 Kruskal and Wallis 方法对各组中位数进行检验，对应 P 值大于 0.05，表明各组间贷款可获得性均值差异不显著。收入结构性维度中务工收入占家庭总收入比重的方差齐次性检验 P 值大于 0.05，无效假设 H_0 检验 P 值大于 0.1，表明各组间均值无明显差异。收入成本性维度中务工成本和务农成本的方差齐次性检验 P 值大于 0.05，无效假设 H_0 检验 P 值大于 0.1，表明各组间贷款可获得性均值无显著差异。收入知识性维度中受教育水平的方差齐次性检验 P 值大于 0.05，无效假设 H_0 检验 P 值大于 0.1，表明各组间均值无明显差异。工作技能水平的方差齐次性检验 P 值大于 0.05，无效假设 H_0 检验 P 值大于 0.1，表明各组间贷款可获得性均值无显著差异。

(2) 收入质量影响农户非正规贷款可获得性的方差分析。充足性维度中家庭储蓄情况的方差齐次性检验 P 值大于 0.05，无效假设 H_0 检验 P 值大于 0.1，表明各组间贷款可获得性均值无显著差异。收入数量及家庭收支情况的方差齐次性检验 P 值大于 0.05，无效假设 H_0 检验 P 值小于 0.05，表明各组间均值差异较大。稳定性维度中近三年务工收入波动情况的方差齐次性检验 P 值大于 0.05，无效假设 H_0 检验 P 值小于 0.05，表明各组间均值差异较大。近三年务农收入波动情况未通过方差齐次性检验，采用 Kruskal and Wallis 方法对各组中位数进行检验，对应 P 值大于 0.05，表明各组间贷款可获得性均值差异不显著。收入结构性维度中务工收入占家庭总收入比重的方差齐次性检验 P 值大于 0.05，无效假设 H_0 检验 P 值小于 0.05，表明各组间均值差异较大。收入成本性维度中务工成本和务农成本的方差齐次性检验 P 值大于 0.05，无效假设 H_0 检验 P 值大于 0.1，表明各组间贷款可获得性均值无显著差异。收入知识性维度中受教育水平和工作技能水平的方差齐次性检验 P 值大于 0.05，无效假设 H_0 检验 P 值小于 0.05，表明各组间均值差异较大。

6.1.3.2 非收入因素影响农户贷款可获得性的方差分析

（1）非收入因素影响正规贷款可获得性的方差分析。户主年龄通过了方差齐次性检验，但其无效假设 H_0 检验 P 值大于 0.05，表明各组间贷款可获得性均值无显著差异。户主性别的检验结果显示，P 值大于 0.1，表明不同性别户主贷款可获得性均值不存在较大差异。家庭人口规模、户主对贷款政策了解程度以及家庭土地规模均通过了方差齐次性检验，但其无效假设 H_0 检验 P 值大于 0.05，表明各组间贷款可获得性均值无显著差异。农户已有资产价值和贷款规模通过了方差齐次性检验，其无效假设 H_0 检验 P 值小于 0.05，表明各组间贷款可获得性均值存在显著差异。

（2）非收入因素影响农户非正规贷款可获得性的方差分析。户主年龄、家庭已有资产价值和贷款规模采用单因素方差分析，方差齐次性检验在当前自由度下对应 P 值大于 0.05，无效假设 H_0 检验 P 值小于 0.1，表明各组均值差异较大。户主性别的检验结果显示，P 值大于 0.1，表明不同性别户主贷款可获得性均值不存在较大差异。户主对贷款政策了解程度、家庭人口规模、农户社会关系以及家庭土地规模均通过了方差齐次性检验，但其无效假设 H_0 检验 P 值大于 0.05，表明各组间贷款可获得性均值无显著差异。

6.1.4 收入质量对农户贷款可获得性影响的计量分析

贷款约束一直是理论界研究的热点之一,正如本书文献综述中所述,国内外有些学者研究认为以中国为代表的发展中国家广泛存在严重的贷款配给,有些学者则持相反观点。本书的调研数据显示,在465位有贷款需求的农户中,向正规金融组织提出过贷款申请的农户为182位,部分农户获得的贷款总金额和他们实际申请的金额相符;有些农户获得的贷款总金额小于他们实际申请的金额;有些农户的贷款申请则没有被批准。本书将第一种农户的贷款可获得性设置为1;第二种农户的贷款可获得性则根据其实际获得的贷款金额与其申请贷款数额之间的比值设置;没有获得贷款的农户其贷款的可获得性被设置为0。

6.1.4.1 计量模型构建与变量选择

由于本部分研究的因变量(农户贷款可获得性)属于限值性数值,根据这一特征,本章采用 Tobit 模型分析农户收入质量对贷款可获得性的影响。其中,左边审查为0,右边审查为1,模型基本表达式如下:

$$y_i^* = X_i'\gamma + \varepsilon_i, \quad \varepsilon_i \sim N(0, \sigma^2)$$

$$y_i = \begin{cases} \alpha, & y_i^* \leq \alpha \\ y_i^*, & \beta < y_i^* < \alpha \\ \beta, & \beta \leq y_i^* \end{cases} \quad (6.1)$$

其中,y_i 为被解释变量,即第 i 个样本的正规贷款可获得性;y_i^* 为潜在变量;x_i 为解释变量,即影响第 i 个样本贷款可获得性的因素;γ 为回归系数;ε_i 为随机干扰项。

依据前文分析,这里选择农户收入质量相关变量和其他非收入变量,探究农户贷款可获得性的影响因素。变量名称及预期假设如表6-1所示。

表6-1 农户贷款可获得性影响因素分析的变量选择及预期作用方向

变量名称	预期影响方向	变量名称	预期影响方向
近三年年均纯收入	+	工作技能水平	+
近三年家庭收支情况	+	户主年龄	-
家庭储蓄情况	+	户主性别	+

续表

变量名称	预期影响方向	变量名称	预期影响方向
务工收入波动程度	+	已有资产价值	+
务农收入波动程度	+	家庭社会关系	+
务工收入/总收入	+	家庭人口规模	?
近三年年均务工成本	−	家庭土地规模	?
近三年年均务农成本	−	政策认知程度	+
户主受教育程度	+	贷款规模	−

注：农户贷款可获得性通过其本部分其余变量定义与上一章变量定义相一致，在此不作赘述。

6.1.4.2 农户收入质量对正规贷款可获得性影响的模型回归结果

本章运用 Eviews5.0 软件，对 Tobit 模型中的变量进行参数估计，样本正规贷款可获得性的模型估计检验结果如表 6-2 所示。

表 6-2 农户正规贷款可获得性影响因素的 Tobit 回归结果

解释变量		模型一		模型二	
		回归系数	标准误	回归系数	标准误
收入充足性	收入数量	0.346***	0.112	0.414***	0.125
	近三年家庭收支	0.035	0.214	0.054	0.241
	家庭储蓄情况	0.385***	0.119	0.381***	0.122
收入稳定性	务工收入波动程度	0.027	0.207	0.035	0.217
	务农收入波动程度	−0.021	0.198	0.138	0.204
收入结构性	务工收入/总收入	0.034	0.128	0.045	0.135
收入成本性	近三年务工成本	0.075	0.169	0.072	0.174
	近三年务农成本	0.160	0.104	0.176	0.113
收入知识性	户主受教育程度	0.059	0.179	0.054	0.196
	工作技能水平	0.038	0.170	0.045	0.179

续表

解释变量		模型一		模型二	
		回归系数	标准误	回归系数	标准误
非收入因素维度	户主年龄	—	—	-0.017	0.180
	户主性别	—	—	0.073	0.567
	农户已有资产价值	—	—	0.513***	0.140
	家庭社会关系	—	—	0.539**	0.318
	家庭人口规模	—	—	-0.033	0.285
	家庭土地规模	—	—	0.023	0.140
	对贷款政策认知	—	—	0.078	0383
	贷款规模	—	—	-0.433**	0.174
Pseudo R^2		0.392		0.417	

注：、**、***分别表示显著性水平为5%和1%。

观察回归结果可以发现，收入质量各变量中只有充足性维度中的收入数量和家庭储蓄情况通过显著性检验，均为正向影响，其余各维度中的变量均未通过显著性检验，表明收入质量对农户贷款的可获得性影响较小。农户非收入因素中变量农户已有资产总值、家庭社会关系和贷款规模通过显著性检验，前两个变量为正向影响，第三个变量为负向影响。造成这种现象的原因是，金融机构在对农户进行贷款审批时，对反映和体现农户收入稳定性、结构性、充足性等收入质量因素几乎不掌握。多数样本表示，金融机构询问贷款申请农户的问题主要包括收入数量、家庭资产、储蓄金额等，至于家庭收入结构、收入波动情况、家庭成员工作技能水平等问题，则很少涉及。由于金融机构基本不掌握农户收入质量方面的信息，自然不会以此为依据进行贷款审批，因此，收入质量未通过显著性检验。

6.1.4.3 农户正规贷款可获得性影响因素的模型回归结果讨论

(1) 收入质量对农户正规贷款可获得性的影响。

第一，收入充足性方面。农户收入数量以及家庭储蓄情况在模型一和模型二中均通过了显著性检验，且为正向影响，符合原假设。这主要是因为，银行出于减少不良贷款、控制还款风险的考虑，会对贷款申请人的一般特征进行掌握，而家庭收入情况和储蓄情况等特征恰好是申请人经济实力的外在表现形式，经济实力越强的贷款人往往具有较强的偿债能力，银行认为其还款风险较低，因此，这部分农户的贷款可获得性较高。但也从另一个侧面表明，农信社等金融机构对农户收入特征的把握不够，这一方面与农户特征信息收集难度较大有关，另一方面也说明金融机构工作人员的工作积极性有待提高。

第二，收入稳定性方面。该维度两个自变量均未通过显著性检验。这主要是因为，在客观实践中，正规金融组织贷款者收入水平关注程度较高。农户收入的稳定性虽然会影响其收入水平，但其影响力的体现有时间上的滞后性。收入稳定性较差的农户，可能在特定时期内收入数量快速增加，另一个时期内收入数量又迅速回落，这些变化需要一定的时间才能体现。而正规金融组织由于资源的有限性，没有足够精力和时间观察农户收入的波动情况。这种现象使得金融机构对农户还款能力的评估产生误差。

第三，收入结构性方面。该维度中的自变量未通过显著性检验。这主要是因为，收入的结构性对农户收入水平的影响也需要一段时间才能体现，并且，结构性更主要影响农户收入增长速度，由于我国农户个体差异较大，有些农户由于经济底子薄，即使务工收入占总收入比重较大，但短期内其收入水平仍呈现较低态势。而有些农户虽然务农收入所占总收入比例较高，但由于家庭经济基础较好，体现出的收入数量较多。金融机构在高估其收入增速和还款能力的情况下，依然批准其贷款申请。

第四，收入成本性方面。该维度中的自变量未通过显著性检验。原因和收入结构性方面分析结果相类似，虽然在贷款需求的研究中证实，成本支出尤其是生活成本支出较高的农户一般可支配资金较多，但是，受可支配资金及传统思想中节约意识的限制，有贷款需求的农户大多收入成本支出较少，导致样本产生同质性。

第五，收入知识性方面。样本受教育情况未通过显著性检验。结合前文分析，由于本书的调研样本均未受过高等教育，农户的受教育程度对其收入的影响不显著，二者之间的统计关系不明显。工作技能水平未通过显著性检验。这主要是因为，金融机构对农户技能水平的信息不掌握，虽然工作技能水平对农户获取工作的难易程度影响较大，与农户的收入之间的相关关系已非常显著，但其影响有较长时间的滞后性，因此，未通过显著性检验。

（2）非收入因素对农户正规贷款可获得性的影响。已有资产对农户从正规金融组织获取贷款的影响显著，为正向影响，符合预期假设。这主要是因为已有资产越多的农户，提供贷款抵押的能力越强，进而越容易获取贷款。家庭社会关系通过显著性检验表明，当前我国在农村领域的正规金融组织信息公开程度有待提高。很多没有亲属在正规金融组织上班的农户对金融机构关于贷款的相关规定和政策了解不够，不能有效、全面地提供自己的相关信息，导致贷款申请未获批准。这也进一步说明，信息传递对于贷款可获得性的重要意义。具有社会关系的农户由于其基本信息能够更好地被银行工作人员所掌握，更准确地估算出其还款能力，进而能够有效控制还款风险，使得农户的贷款可获得性提高。贷款规模对农户正规贷款可获得性有显著负向影响。这表明贷款规模越大的农户，贷款可获得性更低。这一方面，由于贷款规模越大，资金风险越高，金融组织本着风险控制的原则，对这部分贷款审批更加严格，导致贷款可获得性降低；另一方面，由于本研究是用实际获得贷款数额与申请数额之间的比值衡量贷款可获得性，调研中发现，一些地区的正规金融组织对农户贷款发放有"上限"，这也在客观上降低了这部分农户的贷款可获得性。户主对贷款政策的认知程度未通过显著性检验，虽然对贷款政策越了解的农户，在贷款资料准备、贷款手续了解方面较之一般农户更加具有优势，但金融机构在进行贷款审批时，更多考虑的是农户还款能力等因素。户主年龄、家庭人口规模及家庭土地规模均未通过显著性检验。这可以理解为，这些变量与农户还款能力之间并无较明显相关关系，一些人口规模较大、土地规模较大的农户收入状况较之一般农户并无明显差异，不能向农信社等正规金融组织发出贷款风险可控的信号，进而未通过显著性检验。

6.1.4.4 农户收入质量对农户非正规贷款可获得性的影响的模型回归结果

样本非正规贷款可获得性的模型估计检验结果如表6-3所示。

表6-3　　　农户非正规贷款可获得性影响因素的Tobit回归结果

解释变量		模型一		模型二	
		回归系数	标准误	回归系数	标准误
收入充足性	收入数量	0.052***	0.019	0.082***	0.028
	近三年家庭收支	0.078***	0.027	0.094***	0.031
	家庭储蓄情况	0.040	0.029	0.042	0.036
收入稳定性	务工收入波动程度	0.095**	0.042	0.098*	0.049
	务农收入波动程度	0.069	0.051	0.074	0.063
收入结构性	务工收入/总收入	0.391***	0.136	0.257*	0.148

续表

解释变量		模型一		模型二	
		回归系数	标准误	回归系数	标准误
收入成本性	近三年务工成本	0.080	0.052	0.071	0.063
	近三年务农成本	0.055	0.097	0.068	0.106
收入知识性	户主受教育程度	0.170**	0.066	0.152*	0.086
	工作技能水平	0.159**	0.064	0.154**	0.078
非收入因素维度	户主年龄	—	—	0.055**	0.025
	户主性别	—	—	0.007	0.079
	农户已有资产价值	—	—	0.094***	0.027
	家庭社会关系	—	—	0.040	0.025
	家庭人口规模	—	—	-0.012	0.026
	家庭土地规模	—	—	0.027	0.035
	对贷款政策认知	—	—	0.032	0.021
	贷款规模	—	—	-0.126***	0.031
Pseudo R^2		0.360		0.451	

注：*、**、***分别表示显著性水平为10%、5%和1%。

模型回归结果显示，收入充足性维度中变量收入数量、家庭收支情况以及收入稳定性维度中近三年务工收入波动水平、收入结构性维度中的务工收入占家庭收入比例、收入知识性维度中的户主受教育程度和工作技能水平通过显著性检验，农户非收入因素维度中的变量户主年龄、农户已有资产价值、贷款规模通过显著性检验。其余变量未通过显著性检验。

6.1.4.5 农户非正规贷款可获得性影响因素的模型回归结果讨论

（1）收入质量对农户非正规贷款可获得性的影响。

第一，收入充足性方面。变量农户收入数量与近三年家庭收支状况在两个模型中均通过了显著性检验，均为正向影响，符合预期假设。这表明无论是正规金融组织还是非正规金融组织，农户收入充足性都是发放贷款的重要参考因素。这可以解释为，相对于正规金融组织，非正规金融组织对于农户家庭收支状况能够有更好的了解。变量家庭储蓄情况未通过显著性检验。这可以理解为，相对于正规金融组织，非正规金融组织在获取农户家庭储蓄情况方面信息的难度较大，因此，导致该变量不显著。

第二，收入稳定性方面。变量近三年务工收入波动水平的影响结果显著，且为正向影响，符合预期假设。这表明务工收入增长越快的农户，其贷款可获得性更高。这是因为，农户务工收入增长越快，其收入水平越好，具备更好的还款能力。同时，这部分信息容易被非正规贷款的资金借出方掌握，因此，其回归结果显著。变量务农收入波动水平不显著，一方面是因为随着城乡交流程度的加深和农户务工收入的增加，务农收入对于当前农户收入水平的影响程度已经越来越小，进而对其贷款可获得性等经济行为的影响力减弱；另一方面是因为农业生产的回报率普遍较低，农户务农收入金额相对较小，不能够体现农户的还款能力，对其非正规贷款可获得性不具有影响。

第三，收入结构性方面。依据模型回归结果，务工收入占家庭收入比重更大的农户，贷款可获得性更高，符合预期假设。这一方面是因为这部分农户收入状况更好，具有更强的还款能力；另一方面是因为农业收入受气候等非人力可抗因素影响较大，务工收入所占比重较大的农户，其收入更能得到较为准确的预期，而家庭收入以务农收入为主的农户，收入状况往往较差，还款能力较低。

第四，收入成本性方面。该维度的两个变量均未通过显著性检验。这主要是因为，具有贷款需求的农户务工成本差距不大，享受性支出很少，多为维持基本生活的支出，一定程度上造成样本同质性。变量务农成本对农户的非正规贷款可获得性不具有显著影响。原因主要有三个方面：一是随着城乡交流程度的逐渐加深，务农成本的高低与农户收入水平之间的关联性有所下降；二是农作物生长和销售所面临的不确定因素较多，资金借出方出于控制贷款风险的考虑，会尽量减少为这部分农户发放贷款；三是调研发现，一些进行规模化种植的农户其贷款规模往往较大，这也在一定程度上导致其贷款可获得性偏低。

第五，收入知识型方面，两个变量均显著，均为正向影响，符合预期假设。受教育程度较高的农户，在当地居民中威望及口碑更好，容易获取贷款；工作技能水平高的农户，具有较强的收入获取能力和效率，还款能力较强，进而其贷款可获得性更强。

(2) 非收入因素对农户非正规渠道贷款可获得性的影响。户主年龄对非正规贷款可获得性影响显著，且为正向影响。这主要因为，户主年龄越大，越在意自身的"情面"，若没有获取贷款的把握，一般不轻易向他人提出贷款要求。户主性别对贷款可获得性影响不显著，原因与前几章相似。已有资产对农户从非正规金融组织获取贷款的影响显著，符合预期假设。这是因为，已有资产与农户还款能力关系密切,因此,已有资产较多的农户容易获取贷款。家庭人口规模未通过显著性检验,这可以从两方面解释:一方面,由于农村地区产权关系不明,放款人担心向家庭人口较多的农户发放贷款,造成将来还贷主体不明确,增加资金风险;另一方面,在农村地区,具有劳动能力的农民大多分家单过,人口规模大的农户中,劳动力往往只有一两个,多数家庭成员是老人或学生,没有收入获取能力,因此,这部分农户家庭开销较大,还款能力较低。家庭土地规模未通过显著性检验,原因与务农成本未通过显著性检验相似。相对于其他各章对样本的分组情况,本组中该变量的方差更小,同质性更强。农户是否具有社会关系以及对贷款政策的认知程度未通过显著性检验,这主要是因为,这两组变量与非正规金融组织是否放款无相关关系,不是非正规金融组织放款的考虑因素,因此,对农户从非正规金融组织获取贷款影响不大。贷款规模对农户非正规贷款可获得性影响显著,为负向影响,原因与农户正规贷款可获得性中的分析相似。

6.2 收入质量对农户还款期限影响

6.2.1 影响机理分析

农户实际还款期限是还款能力的重要体现,而收入能够显著影响农户还款能力已成为学术界共识。通过调研了解到,大多数农户表示在能力允许的情况下希望尽快还清贷款。这主要因为,受传统观念影响,农户普遍过分厌恶资金风险,提前还清贷款有助于降低家庭收入风险和缓解农户心理压力,同时,提前还清贷款还会给行为人带来良好的声誉,因此,提前还清贷款的情况在农村地区时有发生。从收入质量角度分析,农户收入充足性与其还款期限之间可能存在负向相关关系。这主要是因为,农户收入充足性状况与其实际可支配资金数额密切相关,收入数量越多、家庭收支状况越好以及家庭储蓄规模越大的农户,其可支配资金往往较多,还款能力较强,还款期限应该较短;反之,收入数量较少、家庭收支状况较差、储蓄规模较小的农户,其可支配资金往往较少,还款能力较弱,还款期限应该较长。

收入稳定性方面,由于丝绸之路沿线省份农户家庭经济状况普遍不富裕,导致农户收入波动程度与其实际可支配资金之间具有更强的相关性。收入下降越多的农户可支配资金数额应该较少,还款能力较低,这部分农户的还款期限应该越长;反之,收入上升越多的农户其可支配资金数额往往较多,还款能力较强,这部分农户的还款期限应该越短。

收入结构性方面,由于农户务工收入获取效率一般高于农户务农收入效率,因此,务工收入所占家庭比例较高的农户,其可支配资金往往较多,具备较强的还款能力,这部分农户的还款期限往往较低;反之,务农收入占家庭总收入比重较大的农户,其可支配资金往往较少,还款能力较低,这部分农户的还款期限应该较长。

收入成本性方面,收入成本性体现农户收入获取效率,直接关系到农户还款能力的大小,进而对农户还款期限具有重要影响。收入获取成本较高的农户,其可支配资金较少,还款能力较低,还款期限一般较长;反之,收入成本较低的农户,其收入获取效率应该较高,家庭资金较多,还款能力较强,这部分农户的还款期限应该较短。

收入知识性方面,收入知识性方面,前人研究指出,户主受教育水平和工作技能水平与其实际收入之间存在正向相关关系,收入知识性较高的农户可支配资金一般较多,具备较强的还款能力,这部分农户的还款期限应该较短;反之,收入知识性较低的农户可支配资金一般较少,还款能力较差,这部分农户的还款期限应该较长。同时,收入知识性越高的农户在农村地区往往具有更高的社会威望,而拖欠外债会影响其社会威望及评价,为维护较高的社会地位,这部分农户也会及早还清贷款,因此,其还款期限可能较短。

户主年龄方面,大量相关研究表明,户主年龄与农户获取收入能力直接相关。随着户主年龄的上升,获取收入的能力也随之下降。户主年龄越大的农户,其还款时限应该越长。户主性别方面,一般而言,农村地区女性获取收入的能力和效率均低于男性,因此,女性户主的还款期限应该更长。农户家庭资产价值方面,大量学者指出,农户家庭资产与其还款能力正相关,资产总数越多的农户还款期限应该越短。农户社会关系对其还款期限的影响不明朗。一方面,具有社会关系的农户由于融资条件的优越,贷款数额有可能较大,客观上延长其还款期限;另一方面,调研中发现农户社会关系往往是其贷款担保人,由于有担保人的催促和监督,其还款期限可能较短。家庭人口规模对农户还款期限的影响不够明朗。一方面,家庭人口较多的农户其总收入也有可能更多,还款期限应该越短;另一方面,人口较多说明日常开销也越大,还款期限应该越长。家庭土地规模对农户还款期限的影响也还需要通过研究检验。一方面，拥有土地越多的农户，农业收入占其收入比重有可能越大，由于农业领域收入获取效率较低，因此，其收入状况有可能较差，还款期限较长；另一方面，随着先进生产方式和生产工具的普及与推广，农业生产的规模效应在丝绸之路沿线省份已逐渐显现，土地规模较大的农户中有很多进行规模化农作物种植，其收入较高，还款期限应该更短。户主对贷款政策的了解程度对农户的还款期限应该没有影响，这主要是因为，农户还款期限主要受其收入获取能力的影响，而户主对贷款政策的了解程度与其收入获取能力之间并无直接联系。

6.2.2 统计分析

在有贷款需求的465个农户中，只有373位农户获得了贷款，因此，本部分研究的样本量为373份。由于正规贷款的还款期限多表现为1~3年，样本存在一定的同质性，因此，本阶段研究对于农户的正规贷款还款期限和非正规贷款还款期限不作区分。观察样本统计数据可以看出，农户还款期限普遍较短，多集中在1年以内，与农户贷款用途特征相符合（已有研究表明，农户非生产型贷款的还款期限短于生产型贷款）。还款期限是农户还款能力的直接体现，与其收入等多种特征关系密切，下面分别从收入质量角度及农户非收入因素角度对农户还款期限进行比较分析。

6.2.2.1 收入质量与农户还款期限的交叉统计分析

（1）收入充足性与农户还款期限。近三年年均收入在2万元以下农户还款期限在一年以内的占该组农户的60%以上，2万~4万元农户为50%左右，4万~6万元农户该比例不及20%，6万元以上的农户该比例与第三组相似。近三年年均收入在2万元以下农户还款期限在1~3年的占该组农户的15%左右，2万~4万元农户为40%左右，4万~6万元农户该比例超过30%，6万元以上的农户该比例则不足30%。近三年年均收入在2万元以下农户还款期限在三年以上的占该组农户的20%左右，2万~4万元农户该比例则不足10%，4万~6万元农户该比例超过50%，6万元以上的农户则超过60%。依据分析结果，随着收入数量的增加，农户还款期限有延长趋势。

收支情况为入不敷出的农户还款期限在1年以内的农户所占比例为80%左右，1~3年的农户该比例不及20%，3年以上的农户该组比例低于5%。分析结果表明，三组还款期限在各组中所占比例差异较大，但还款期限较短的农户所占比例随收支状况的好转而大幅下降。

储蓄情况为两万元以下的农户还款期限在一年以内的样本所占比例为60%左右，1~3年的样本所占比例低于30%，3年以上的农户所占比例低于15%。观察可知，随着家庭储蓄水平的上升，还款期限较短的农户所占比例逐渐下降。

（2）收入稳定性与农户还款期限。近三年务工收入波动在下降10%以上的农户还款期限在1年以内所占比例为60%左右，1~3年所占比例为30%左右，3年以上的比例为10%，无显著变化的农户还款期限在一年以内所占比例超过60%，上升10%以上的农户还款期限在一年以内所占比例与第二组相似。通过观察可知，随着务工收入增长速度的加快，样本还款期限并无显著变化。

近三年务农收入波动在下降10%以上的农户还款期限在1年以内的比例为50%左右，1~3年的农户所占比例低于40%，3年以上的农户所占比例低于15%。分析结果显示，务农收入波动与农户还款期限之间无明显差异。

（3）收入结构性与农户还款期限。务工收入占家庭收入比例40%以下农户还款期限在1年以内所占比例超过50%，1~3年的农户为20%左右，3年以上的农户所占比例与第二组相似。观察发现随着务工收入在家庭中所占比例的上升，还款期限较长的农户所占比例有所上升，但上升速度较为缓慢。

（4）收入成本性与农户还款期限。近三年年均务工成本在2000元以下的农户还款期限在1年以内所占比例为40%左右，2000~3000元的农户所占比例为30%以上，3000元以上的农户低于30%。观察发现，随着务工成本的增加，还款期限较短的农户所占比例有所上升。

年务农成本在1000元以下农户还款期限在1年以内的农户所占比例低于30%，1000~2000元的农户该组比例接近50%，2000元以上的农户该比例为25%左右。随着务农成本的上升，贷款期限的变动趋势并不明显。

（5）收入知识性与农户还款期限。受教育水平在小学毕业及以下的农户还款期限在1年以内所占比例为35%左右，初中毕业农户该比例为39.9%，高中或中专毕业该组比例为25%左右，大专毕业及以上的农户该比例超过60%。观察可知，随着户主受教育水平的上升，还款期限并无明显变动趋势。

按照工作技能水平的不同将样本分为"体力为主，包含少部分技能或不包含技能""体力和技能各占一半""技能为主，包含少部分体力或不包含体力"三组。研究发现，随着工作技能水平的提高，还款期限较长的农户所占比例显著增大。

6.2.2.2 非收入因素与农户还款期限的交叉统计分析

分析结果显示,户主年龄在25岁以下的农户还款期限在1年以内比例为33.3%,户主年龄在25~40岁的农户还款期限在1~3年的为33.1%,户主年龄在40~55岁的农户还款期限在1~3年的为32.9%,55岁以上农户该组比例为33.7%。随着户主年龄的上升,还款期限较短的农户所占比例有所上升。户主不同性别与贷款用途的交叉统计结果显示,户主性别为女性的农户平均还款期限较之户主性别为男性的户更短。随着家庭资产的增加,还款期限较短的农户所占比例越来越小,更多的农户选择长期贷款。统计结果显示,农户是否有社会关系与其还款期限之间并无明显对应关系。人口规模与还款期限之间对应关系与家庭社会关系相似,无显著对应关系。人口规模在6人及以上的农户还款期限在1年以内、1~3年和3年以上的比例分别为33.7%、36.0%和30.2%。土地规模在2亩以下、2~5亩、5亩以上的农户还款期限在1年以内、1~3年和3年以上的比例分别为57.4%、34.7%和7.9%。随着土地数量的增加,还款期限较短的农户所占比例逐渐减小。

6.2.3 收入质量对农户还款期限影响的计量分析

6.2.3.1 计量模型构建与变量选择

还款期限是农户还款能力的直接体现,在本书研究中,农户还款期限是一个多元变量,因此,本阶段研究选取多元 Logit 模型探求收入质量对农户还款期限的影响机理。其表达式如下:

$$\ln\left[\frac{P(y=j\mid x)}{P(y=J\mid x)}\right] = \alpha_j + \sum_{k=1}^{K} \beta_{jk} x_k \tag{6.2}$$

其中,$P(y=J\mid x)$ 表示农户属于第 J 种还款期限类型的概率。在本阶段研究中,被解释变量为农户还款期限,分为1年以下、1~3年和3年以上三种情况,1年以下取值为1,1~3年取值为2,3年以上取值为3。x_k 表示第 k 个影响农户还款期限类型的自变量,所有解释变量分为家庭人口特征变量和收入变量。β_{jk} 表示自变量回归系数向量,以 J 为参照类型,农户属于其他还款期限类型的概率与属于 J 类信贷配给类型的概率之比被称之为事件发生比。

依据前文分析,本部分选择农户收入质量相关变量和其他非收入变量,探究农户还款期限的影响因素。变量定义及预期假设如表6-4所示。

表6-4　农户还款期限影响因素分析的变量选择及预期作用方向

变量名称	预期影响方向	变量名称	预期影响方向
近三年年均纯收入	-	工作技能水平	-
近三年家庭收支情况	-	户主年龄	+
家庭储蓄情况	-	户主性别	-
务工收入波动程度	-	已有资产价值	-
务农收入波动程度	-	家庭社会关系	?
务工收入/总收入	-	家庭人口规模	?
近三年年均务工成本	+	家庭土地规模	?
近三年年均务农成本	+	对贷款政策认知	?
户主受教育程度	-		

注：本部分变量定义与上一章变量定义相一致，在此不作赘述。

6.2.3.2　模型回归结果

本书运用SPSS19.0软件，对Logit模型中的变量进行参数估计，农户还款期限决定方程的拟合结果和回归结果如表6-5和表6-6所示。与之前研究相似，本阶段研究的具体回归步骤分两步进行。第一步将农户收入质量相关变量带入模型中检验；第二步是在第一步研究基础上将所有变量带入模型中进行检验，并比较两种回归结果的异同。

表6-5　农户还款期限影响因素的多元Logit回归结果（阶段一）

变量	模型1 1年以下/3年以上		模型2 1~3年/3年以上		模型3 1年以下/1~3年	
	系数	标准误	系数	标准误	系数	标准误
收入数量	-1.804***	0.249	-1.240***	0.185	-0.364*	0.198
近三年家庭收支	0.619	0.403	0.432	0.371	0.287	0.227
家庭储蓄情况	-0.466**	0.200	-0.335**	0.163	-0.369***	0.141
务工收入波动程度	0.367	0.337	0.381	0.307	0.256	0.217
务农收入波动程度	-0.100	0.319	-0.260	0.288	-0.161	0.202

续表

变量	模型1 1年以下/3年以上 系数	标准误	模型2 1~3年/3年以上 系数	标准误	模型3 1年以下/1~3年 系数	标准误
务工收入/总收入	-0.527**	0.210	-0.365*	0.192	-0.253*	0.133
近三年务工成本	-0.266	0.290	-0.215	0.255	-0.051	0.187
近三年务农成本	0.339	0.216	0.308	0.201	0.191	0.120
户主受教育程度	0.595**	0.299	0.594**	0.268	0.451**	0.199
工作技能水平	-0.336	0.283	-0.310	0.265	-0.207	0.185
截距项	1.097	1.950	1.208	1.985	-1.112	1.337

注：*、**、*** 分别表示显著性水平为10%、5%和1%。

表6-6　农户还款期限影响因素的多元Logit回归结果（阶段二）

变量	模型1 1年以下/3年以上 系数	标准误	模型2 1~3年/3年以上 系数	标准误	模型3 1年以下/1~3年 系数	标准误
收入数量	-0.768**	0.372	-0.937***	0.323	-0.732***	0.220
近三年家庭收支	0.789	0.485	0.700	0.443	0.149	0.280
家庭储蓄情况	-0.615***	0.223	-0.308*	0.182	-0.353**	0.160
务工收入波动程度	0.428	0.369	0.400	0.322	0.302	0.246
务农收入波动程度	-0.037	0.359	-0.271	0.325	-0.308	0.228
务工收入/总收入	-0.781***	0.229	-0.392*	0.207	-0.302**	0.153
近三年务工成本	-0.097	0.321	-0.065	0.287	-0.162	0.215
近三年务农成本	0.289	0.222	0.228	0.201	0.201	0.132
户主受教育程度	0.664*	0.345	0.666**	0.300	0.398*	0.230
工作技能水平	-0.376	0.317	-0.340	0.282	-0.249	0.208
户主年龄	1.149***	0.346	0.564*	0.316	0.584***	0.208
户主性别	-0.165	0.123	-0.150	0.131	-0.484	0.758
农户已有资产价值	-0.625***	0.231	-0.552***	0.204	-0.322**	0.157
家庭社会关系	0.837	0.607	0.889	0.554	0.646	0.404
家庭人口规模	0.801	0.553	0.777	0.511	0.428	0.327

续表

变量	模型1 1年以下/3年以上		模型2 1~3年/3年以上		模型3 1年以下/1~3年	
	系数	标准误	系数	标准误	系数	标准误
家庭土地规模	0.388	0.367	0.240	0.326	0.149	0.221
贷款政策认知	1.025	0.701	0.998	0.610	0.426	0.435
截距项	6.250	3.070	5.324	2.780	2.925	1.926

注：*、**、***分别表示显著性水平为10%、5%和1%。

依据两个步骤六个模型的回归结果，收入充足性维度中的变量收入数量、储蓄情况以及收入结构性维度中的变量务工收入占家庭收入比例、收入知识性维度中的变量户主受教育程度对农户还款期限影响显著。非收入因素方面，变量户主年龄、农户已有资产价值对农户还款期限影响显著。

6.2.3.3 回归结果讨论

为叙述方便，讨论中将还款期限在1年以下的贷款称为短期贷款，1~3年的贷款称为中期贷款，3年以上贷款称为长期贷款。

（1）收入质量对于农户还款期限的影响。

第一，收入充足性方面。变量收入数量与储蓄情况通过了在步骤一和步骤二中的三个模型中均通过了显著性检验，表明收入数量越多、家庭储蓄规模越大的农户，其还款期限越长，不符合原假设。这主要是因为，收入数量较多、储蓄规模较大的农户，其贷款规模一般较大，还款难度较高，进而导致其还款期限较长；而收入数量较少、储蓄规模较小的农户，受农村地区"有多少钱办多大事"观念的影响，贷款规模一般较小，还款难度较低，其还款期限较短。变量家庭收支状况未通过显著性检验。在调研中发现，收支状况不好的农户，虽然其资金约束较明显，但其贷款规模较小，同时，为了维护较少的资金获取渠道，对于按时和提前还款的积极性更高，因此，还款期限较短；而收支状况较好的农户，资金约束不强，还款期限也较短。

第二，收入稳定性方面。收入稳定性维度中的两个变量在步骤一和步骤二中的三个模型中均未通过显著性检验，表明收入稳定性状况对农户的还款期限不构成影响，不符合原假设。这主要是因为，务工收入上涨越多的农户，其资金约束较小，还款期限较短；而务工收入上涨较少的农户，其贷款规模往往较小，还款难度较低，还款期限也较短。变量务农收入波动性未通过显著性检验，这主要是因为，随着外出务工现象在丝绸之路沿线省份越来越普遍，农户务农收入对于农户可支配资金数额的影响越来越低，进而对农户还款期限不构成影响。

第三，收入结构性方面。变量务工收入占家庭收入比重在步骤一和步骤二中的三个模型中均通过了显著性检验，对农户还款期限有负向影响，表明家庭收入务工为主的农户还款期限较长，不符合原假设。这主要是因为，以务工收入为主的农户，其家庭可支配资金往往较多，其贷款规模往往较大，短期内还款的压力较大，因此，还款期限一般较长。调研中发现，务工收入占家庭收入比重较小的农户，往往分为两种情况：一种是由于种种原因无法外出务工的农户，这部分农户可支配资金有限，但同时贷款规模也往往较小，还款期限较短；另一种是进行规模化种植的农户，这部分农户的贷款规模虽然较大，但收益往往较高，还款能力较强，且受传统思想中"当年账当年清"思想影响较大，因此，这部分农户的还款期限一般在一年以内。

第四，收入成本性方面。收入成本性维度中的变量在步骤一和步骤二中的三个模型中均未通过显著性检验。前几章研究表明，农户务工成本的差异主要体现在生活成本支出方面。具有贷款需求的农户，节约意识更强，生活成本多表现为维持基本生活的支出，休闲娱乐费用支出较少，因此，其生活成本差异不大，进而未通过显著性检验。务农成本方面，在务农成本高的农户中，也有很多农户的还款期限较短。这与农业收入获取周期有关。农作物生长周期往往为半年到一年，很多规模种植农户在一年左右就获取收入，用以偿还贷款，这部分农户还款期限也较短。

第五，收入知识性方面。变量户主受教育水平在步骤一和步骤二中的三个模型中均通过了显著性检验。变量户主受教育水平对农户还款期限有正向影响，表示受教育程度越高的户主，其还款期限往往较短，符合原假设。这可以理解为，受教育程度越高的农户，在当地威望越高，长期不能还清贷款容易影响其声誉，因此，还款期限较短。变量工作技能水平对农户还款期限不构成显著影响。在调研中发现，有些技能水平较高的农户贷款规模较小，还款期限较短；而有些技能水平较高的农户，出于对自身获取收入能力的自信，贷款规模较大，还款期限较长，因此，该变量的回归结果不显著。

（2）非收入因素对于农户还款期限的影响。变量户主年龄对于农户还款期限的影响显著，且为正向影响。这表明户主年龄越大的农户，其还款期限越短，不符合原假设。这可以理解为，年龄大的户主对自身收益能够进行更理性的预期，鉴于自身获取收入能力逐渐下降，抵御风险能力减弱，不愿进行长期贷款，因此，还款期限较短。户主性别未通过显著性检验。与之前研究状况相似，在本阶段研究中，户主性别多为男性，样本存在一定程度同质性。变量农户已有资产价值对于农户还款期限的影响显著，为负向影响。这表明家庭资产总值越多的农户，其还款期限越长，不符合原假设。这主要是因为，家庭资产总值较多的农户，贷款规模往往较大，还款难度较高，导致还款期限较长。家庭社会关系对于农户还款期限的影响不显著。这表明是否有亲属在正规金融组织工作对农户还款期限影响不显著。由于农户还款期限更多受到收入获取能力的影响，而是否具有社会关系不能直接影响农户收入获取能力。家庭人口规模对于农户还款期限的影响不显著。这表明家庭人口规模对农户的还款期限没有影响。这主要是因为，一些人口规模较大的农户虽然收入获取效率较高，但同时开销也较大，导致该变量与农户实际可支配资金数额方面没有必然联系，进而未对农户还款期限产生影响。户主对贷款政策了解程度对其还款期限不构成影响，原因与家庭社会关系中的解释相似。家庭土地规模未通过显著性检验，这是因为，虽然种植面积越大的农户，贷款规模可能越大，进而影响其还款期限。但在样本中，这部分农户数量较少，未对整体回归结果产生影响。

6.3 本章小结

农户收入质量对其贷款可获得性影响的影响机理分析表明，收入质量对丝绸之路沿线省份农户贷款可获得性应产生影响。交叉分析表明，不同收入质量农户正规贷款可获得性差异不显著，而非正规贷款可获得性差异较大。方差分析表明，收入质量各维度对于农户正规贷款可获得性的影响较小，对于农户非正规贷款可获得性的影响较大。计量分析结果表明，收入充足性维度中的收入数量和家庭储蓄情况对农户正规贷款可获得性具有影响，家庭储蓄情况的影响水平高于收入数量。收入质量其余各维度中的自变量对农户正规贷款可获得性均没有影响。收入充足性维度中的收入数量、家庭收支状况以及收入稳定性维度中的务工收入波动情况、收入结构性维度中的务工收入占家庭总收入比例、收入知识性维度中的户主受教育程度和工作技能对于农户非正规贷款可获得性影响显著，均为正向影响。农户正规贷款可获得性和非正常贷款可获得性回归结果不同的原因主要是正规金融组织对于农户收入质量方面的信息重视度不高，没有主动了解其收入质量相关信息的积极性，这也从一个侧面揭示农户正规贷款可获得性较低的原因。研究还发现，农户非收入因素中的家庭资产总值和贷款规模对于农户的正规贷款可获得性和非正规贷款可获得性均具有显著影响，家庭资产为正向影响，贷款规模为负向影响。户主年龄对于农户非正规贷款可获得性具有显著的正向影响，对于农户正规贷款可获得性不具有影响。

  对于农户还款期限的研究表明，收入质量不高的农户还款期限并不长，表明丝绸之路沿线省份农户虽然经济条件较差，但还款积极性较高，这也与东南亚一些农户信贷业务开展较好国家的客观实践经验相一致。这可能是由于丝绸之路沿线省份农户资金约束较为明显，从外部融资的成功性较低，所以更加注重维护已有的资金获取渠道，更加注重自身的信誉。因此，金融组织尤其是正规金融组织对农户贷款资金风险防范方面的原有观念需要改进。农户收入质量对其还款期限影响的影响机理分析表明，收入质量会对丝绸之路沿线省份农户还款期限产生影响。交叉分析表明，不同收入质量农户的还款期限差异较大。计量分析结果表明，收入充足性维度中的收入数量和家庭储蓄情况、收入稳定性维度中的近三年务工收入波动程度、收入结构性维度中的务工收入占家庭收入比例以及收入知识性维度中的户主受教育程度对于农户还款期限的回归结果显著，且均为负向影响。影响程度按大小排列依次为：收入数量、近三年务工收入波动程度、务工收入占家庭收入比例、家庭储蓄程度以及农户户主受教育程度。说明收入充足性和收入稳定性对于农户还款期限的影响更大，收入知识性对于农户还款期限的影响较小。此外，研究结果还表明，农户非收入因素中的户主年龄、家庭资产总值和贷款规模对于其还款期限影响显著。其中，户主年龄对于还款期限的影响系数为负，家庭资产价值和贷款规模对于还款期限的影响系数为正，说明户主年龄越大、家庭资产累积较少和贷款规模较小的农户还款期限较短。

第 7 章

结论与建议

7.1 研究结论

本书以丝绸之路沿线省份农户为研究对象，以收入质量为研究视角，在对农户贷款行为进行具体细分的基础上分析收入质量如何作用和影响农户贷款需求、贷款用途、贷款渠道、贷款可获得性以及还款期限，主要形成以下结论。

(1) 丝绸之路沿线省份农户收入质量与收入数量存在脱节现象。本书研究表明，当前我国丝绸之路沿线省份农户收入数量与收入质量水平并不匹配，收入数量的逐年上升并不是因为农户自身获取收入能力等收入质量相关因素的改善，而是受益于城镇化进程的加快、消费者需求旺盛等外部环境。这一结论也与《中国统计年鉴》以及其他学者关于农户获取收入效率的研究结论相一致。

依据本书研究结果，丝绸之路沿线省份农户收入充足性状况不容乐观。多数农户的收入数量低于同期全国平均水平，近四成样本家庭表示近三年入不敷出，多数样本表示家庭有储蓄，但储蓄金额普遍较少。农户收入稳定性状况一般，农户务农收入的稳定性普遍高于务工收入稳定性。务工农户从事行业较稳定，多数样本表示自身就业类型为合同工。农户收入来源较为单一，多数样本表示务工收入所占家庭总收入比例最大。丝绸之路沿线省份农户大多没有财产性收入，转移性收入虽然有，但金额往往较小，多数农户将其归入务农收入范畴，使得农户务农收入所占比例与务工收入所占比例高度相关。丝绸之路沿线省份农户务工成本支出较为单一，日常工作成本占务工成本比例最大，主要由日常生活费组成，休闲费用支出较为普遍，多数农户表示没有购买书籍和参加培训方面的支出。农户务农成本支出数量差异较大。农户户主受教育程度多集中在初中以下，工作技能储备相对较少。调研结果显示，户主受教育程度在高中及以上的样本占调研样本总量的20%左右，表明该领域还有很大的上升空间。工作技能方面，近一半样本表示日常工作多以体力劳动为主，技术含量较低。

（2）农村金融对于改善丝绸之路沿线省份农户收入状况的带动作用需进一步释放。对于农户贷款需求的研究结果表明，多数丝绸之路沿线省份农户感到资金约束，贷款需求广泛存在，表明传统意义上自给自足式农业生产生活结构已逐渐打破。贷款用途方面，多数样本表示其贷款用途为非生产型，进行生产型投资的样本较少。这种状况一方面表明丝绸之路沿线省份农户生活压力较大，另一方面也说明该群体投资意识普遍不强。贷款渠道方面，丝绸之路沿线省份农村地区普遍存在正规和非正规两种贷款渠道。根据研究结果，由于对从正规贷款渠道获得贷款的悲观预期，多数农户倾向通过非正规贷款渠道融资。贷款可获得性方面，农户非正规贷款可获得性高于正规贷款可获得性，说明丝绸之路沿线省份农村金融领域存在较严重的贷款配给，金融组织对于农户收入水平提高的带动作用并未得到较好的发挥，农户正规贷款可获得性的提升空间巨大。还款期限方面，丝绸之路沿线省份农户还款期限较短，多集中在一年以内，还款期限在三年以上的样本较少。

（3）收入质量对丝绸之路沿线省份农户贷款行为具有显著影响。前几章研究结果表明，收入质量对于农户贷款行为的各个环节均产生显著影响。具体而言，收入充足性维度中的变量收入数量和储蓄情况对于农户贷款需求、贷款用途、贷款渠道、正规和非正规贷款可获得性以及农户还款期限具有显著影响，对于农户贷款需求和还款期限的影响为负，对于贷款用途、贷款渠道、正规和非正规贷款可获得性的影响为正。变量家庭收支状况对于农户贷款需求、贷款渠道、非正规贷款可获得性具有显著影响，对于贷款需求的影响为负，对于贷款渠道和非正规贷款可获得性的影响为正。收入稳定性维度中的变量近三年务工收入波动程度对于农户贷款需求、贷款用途、贷款渠道、非正规贷款可获得性具有显著影响，对于农户贷款需求的影响为负，对于农户贷款用途、贷款渠道和农户非正规贷款可获得性的影响为正。收入结构性维度中的变量务工收入占家庭总收入比例对于农户贷款需求、贷款用途、贷款渠道、非正规贷款可获得性以及还款期限具有显著影响。对于农户贷款需求和还款期限的影响为负，对于贷款用途、贷款渠道和非正规贷款可获得性的影响为正。收入成本性维度中的变量务工成本对于农户贷款需求影响显著，对于其他贷款行为影响不显著。农户务农成本则对于农户所有贷款行为均不构成显著影响。这主要是因为，丝绸之路沿线省份农户普遍具有勤俭意识，不必要开支较少，成本支出差异较小。收入知识性维度中的变量户主受教育程度对于农户贷款用途、贷款渠道、非正规贷款可获得性以及农户还款期限具有显著影响，对农户贷款用途、贷款渠道和非正规贷款可获得性的影响为正，对于农户还款期限的影响为负。变量工作技能对于农户贷款需求、贷款用途、贷款渠道、非正规贷款可获得性影响显著。对贷款需求的影响为负，对其他贷款行为的影响为正。

此外，本书研究还发现，农户非收入因素对于其贷款行为具有影响。户主年龄对于农户贷款需求、非正规贷款可获得性以及还款期限具有显著影响。农户已有资产价值对于其贷款需求、贷款用途、贷款渠道、正规和非正规贷款可获得性以及还款期限均具有影响。户主对正规贷款政策的认知程度对于农户贷款用途、贷款渠道影响显著。农户社会关系对其贷款需求及正规贷款可获得性具有影响，其余变量对农户贷款行为影响不显著。

结合以上结论可以看出，丝绸之路沿线省份农村金融市场存在着三个矛盾。

一是农户贷款用途的矛盾。为保证发放贷款能够获得收益，我国正规金融组织多倾向于向具有生产型贷款用途的农户发放贷款。然而，由于受到自然环境、基础设施建设等方面的束缚以及对于风险的过度厌恶，丝绸之路沿线省份农户产生生产型贷款用途的阈值较高。为了能够增加贷款申请通过的概率，一些贷款用途为非生产型的农户对正规金融组织声称自身的贷款用途为生产型。当正规金融组织发现农户的不诚信行为后，对于后续的贷款审批和发放更为严格，进一步导致了农户正规贷款可获得性的降低，不利于激发农户的贷款行为，使得国家借助鼓励农户贷款行为来改善农民生活水平进而早日解决"三农"问题的部署延缓，造成国家经济资源、政策资源的浪费。

二是农户还款期限的矛盾。还款期限是农户还款能力的直接体现。长期以来，由于假设农户还款能力较低，除中国农业银行和农村信用合作社等正规金融组织由于国家政策的强行规定不得不开展农村金融业务外，其他商业银行对于开展农村金融业务的积极性普遍较低，客观上造成农村金融市场上资金供给主体相对单一，农村正规金融组织竞争意识不强，工作效率低下，服务态度恶劣的现象。然而依据本书研究结果，丝绸之路沿线省份农户还款期限普遍较短，表明该地区农户还款能力较强，还款积极性较高。这一方面是由于家庭债务对于农户造成较为严重的心理负担，使得农户尽快偿还贷款的动机较为强烈；另一方面也是因为该地区农户从外部获取资金的机会不多，相对于其他地区农户更为重视对于贷款渠道的维护。因此，其他金融组织应大力开展农村金融业务，促进农村金融市场的繁荣，更好地发挥金融对于农村地区经济发展和农户收入状况改善的促进作用。

三是贷款主体目标的矛盾。总体而言，有贷款需求的农户往往自身经济条件基础较薄弱，而农信社等正规金融组织所瞄准的"目标客户"则需要具有较强的经济基础。正规金融组织出于对还款风险的厌恶，倾向对收入状况较好的农户发放贷款，而对收入状况较差的农户放款积极性较低。然而，受主客观因素的影响，收入状况较好的农户生产型贷款需求和非生产型贷款需求均较小。而生活状况较差的农户容易产生非生产型贷款需求，这部分贷款需求难以得到满足，使得在我国农村金融领域存在着较明显的贷款配给。一些收入质量低，具有非生产型贷款需求的农户由于不符合正规金融组织的放款条件，其贷款需求得不到满足；一些收入质量高，符合正规金融组织放款条件的农户却不产生生产型贷款需求。这种情况长期存在造成农信社扶农效率降低，使得国家通过发展农村金融以促进农村地区经济发展的愿望难以实现。这在很大程度上降低了我国农村金融带动落后地区经济发展能力的同时，也使得农村金融机构与经济条件较差农户之间的关系紧张。研究中还发现，多数农户认为正规金融组织是"国家机关"，是国家扶农、助农政策的执行者。因此，农户和正规金融组织之间关系长期恶化，会降低政府在农户心目中的威信和满意度，进而影响全社会的正常、有序、健康发展，最终影响共同富裕目标的实现。

7.2 政策建议

多数学者指出，贷款行为能够促进农户收入状况的改善，因此，积极鼓励农户进行贷款行为对我国"三农"问题的解决意义重大。为更好地促进农村金融对于农户收入提升带动作用的发挥，实现农户收入质量持续、稳定的提高，本书给出以下政策性建议。

7.2.1 将收入质量概念纳入贷款风险评级体系

依据本书研究结果，收入质量各维度对于农户贷款行为具有影响。在现行的制度安排下，农信社本着经营安全性、盈利性原则，将农户收入数量作为信用户评级和衡量农户偿债能力的重要指标，市场化地拣选申贷农户，对于一些收入数量较低农户的贷款需求不予满足，忽视收入质量对于农户贷款行为的影响。农信社等正规金融组织基于风险控制考虑将农户收入作为贷款决策的重要参考依据有一定合理性，然而现阶段随着农业现代化进程加快，农户收入的质量属性日益凸显，收入来源渠道、收入结构、收入获取需要的知识技能以及收入获取付出的成本费用等诸多要素折射出农户的增收能力、就业结构、教育素质、劳动成本等收入质量的相关内容，在很大程度上左右着农户贷款行为，体现其还款能力。本书在第四、第五、第六章所做的样本各变量相关性检验表明，丝绸之路沿线省份农户收入质量与收入数量之间并无较强的相关性。这表明收入数量的持续上升一定程度上并不是得益于农户收入获取能力提高等内生因素的变化，而是受益于国家经济的持续增长、劳动力市场需求持续旺盛等外生因素的带动。因此，其收入数量的增长表现出一定的不确定性。与收入数量对于农户贷款行为的影响，尤其是还款能力的影响相比，收入质量的影响更为直接，影响力也更为显著。因此，只有将农户收入质量概念引入农户贷款风险评级体系中，才能够更为全面了解农户的收入状况，更好地估计出农户的还款能力，这比传统的只注重农户收入数量的做法更加具有现实意义。

7.2.2 加大政策性扶持力度，全面提高丝绸之路沿线省份农户收入质量

本书研究显示，丝绸之路沿线省份农户整体收入质量水平有待提高，这也是本地区农户贷款可获得性较低的原因之一，限制着农村金融对于提高农户收入水平带动作用的发挥。鉴于收入质量与收入数量之间的辩证关系，为实现丝绸之路沿线省份农户的长效增收机制，并由此改善农户贷款可获得性状况，各级政府和相关部门应努力做到以下五点。

一是建立农村社会保障体系，减轻农户生活负担。研究中发现，入不敷出农户大多存在医疗、子女教育等方面的支出。因此，相关部门应建立农村地区的医疗保险政策，完善丝绸之路沿线省份贫困家庭子女学费减免政策以及全面推行失地农民保障政策，使得丝绸之路沿线省份农户收入充足性水平有所上升。

二是发挥政府市场调节作用，确保农户收入稳中有增。各级政府要在保证

农户收入数量持续上涨，改善农户收入充足性状况的同时，尽量避免由宏观经济政策引发的剧烈经济波动，同时，根据每年的市场状况，对经济利益受损的农户进行大力帮扶。

三是扩展丝绸之路沿线省份农户收入来源渠道，优化农户收入结构。本书研究表明，丝绸之路沿线省份农户收入大多由务工收入和务农收入两部分组成，财产性收入和转移性收入相对较少。因此，在明确农村土地承包权、宅基地使用权的基础上，健全农村土地流转制度，并鼓励农户以此作为创业资本，增加其财产性和经营性收入在总收入中的比例。

四是进一步降低农户收入成本。本书研究表明，丝绸之路沿线省份农户收入成本在其总收入中占据一定比例，这要求相关部门尽量减少农户收入成本支出，如为农户提供补贴、减免不必要税费等。

五是对农户进行专项培训，提高农户收入知识性水平。相关职能部门应从本地区农户客观实践出发，对农户进行工作技能培训。如针对青壮年劳动力开展运输、安保等技能培训，针对上年纪的劳动力开展烹饪、家政等技能培训，针对女性劳动力开展手工艺品制作培训，积极提高农户的工作技术含量，从而提高农户收入。

7.2.3 重组农村金融组织，整合优势资源，促进农户收入质量提高

研究中发现，现有农村金融组织工作效率低下，在一定程度上抑制了农户贷款行为的产生，也使得大量收入质量较差的农户贷款需求无法得到满足。为释放农村金融对农户收入提高的带动作用，相关部门应对现有正规金融组织进行调整，集中优势资源，开发市场潜力。

（1）对农信社进行改制。农信社是我国农村金融市场上的主要主体之一。2011年，银监会出台相关规定，决定用几年的时间在全国范围内的农村信用合作社建立现代企业制度，将其改制为农村商业银行，并针对金融市场发展的不同程度，对不同地区的农信社逐步开展产权改革工作。通过产权改革，对农信社的各项资源进行优化重组，既能够有效地控制其业务开展风险，又可以形成政策合力，将国家的各项支农政策通过新组建的农村商业银行进行更好地贯彻和执行，解决农户贷款难、难贷款的问题。

在建立现代企业制度的同时，还应对新组建的农村商业银行进行股份制改

革试点。调研中发现，农信社被很多当地农户当做是"政府部门"，对其既敬又怕。而一些农信社的工作人员由于自身素质和认识问题，也认为自己地位高于农户，对农户的服务意识较差。并且一些农信社由于地处偏僻，受上级部门监督较少，日常工作过程中的不规范行为时有发生。对农村商业银行进行股份制改革，将其改制成农民、其他社会阶层以及国家共同持有股份的金融机构可以有效解决上述的三个问题。第一，农户持有股份后，会改变原有观念，减少对金融机构的"敬畏感"，有利于拉近两者之间的心理距离；第二，金融机构工作人员也会由于农户持有股份，加强自身的服务意识，更细心、更耐心地为农户办理每笔业务，无形中也提高了金融机构的工作效率，使其对促进农村经济发展和提高农户收入水平的职能作用得到更好的发挥；第三，农户所持有的股份也会增加农户对农村商业银行的认同感，作为股份持有者，也更加具有监督其日常工作行为的权力。这能够引导农户对农村金融机构的日常工作行为进行全面的关注与监督，保证其健康快速发展。

（2）建立农村金融机构再投资制度。再投资是指金融机构对存款吸纳地区进行投资的行为。世界各国的农村金融市场普遍存在着存款量大于放款量的问题，很多农村金融机构如中国农业银行、农信社等将农户单纯看做存款方，将在农村地区所吸纳的大量存款用于投资城市建设等回报率较高的领域。在追求自身利益最大化的同时造成农村资金被大量转移，对提高农户收入水平的带动作用未得到充分发挥，造成地区间经济发展差异。因此，政府应强制性规定农村金融机构必须为其存款吸收领域提供一定比例的贷款，满足该地区农户的贷款需求。这种制度的建立可以解决由于贷款投入量较小导致的贫困地区发展资金不足问题。国外很多国家已采取这一措施，保障各地区经济的协调发展。美国规定，金融机构在风险可控的范围内，需优先满足存款吸纳地区居民的贷款需求；泰国规定，金融机构贷款总额的20%必须用于农村地区；印度尼西亚、日本、菲律宾等国的中央银行也出台过类似规定。尤其是泰国，经过几十年的发展，其农村地区的经济发展速度远远超过城市。在政局长期动荡的情况下，社会贫富差距和地区间的经济差异依然呈现出缩小的趋势。就我国而言，这种政策可以促使金融机构出于贷款风险控制的动机，更主动地去了解农户基本信息，支持农户投资，为更多农户创造就业机会，将农村金融发展、农户收入水平和农村经济增长带入良性发展循环，实现多赢局面。

（3）明确现有农村各正规金融组织的业务范畴。当前农村金融市场上的正规金融组织主要有农村发展银行、中国农业银行以及农村信用合作社三家单位。三家部门之间应加强相互之间的沟通与合作，农村发展银行应突出自身的政策性优势，在大规模农产品收购、推广大型农用机械设备等领域发挥积极主导作用，同时，与地方政府密切合作，加快农村基础设施建设，对位于农村地区有一定规模的农业龙头企业提供发展支持，改善农户的生存环境；中国农业银行应与其他国有大型银行区别开来，明确其服务于农村、服务于农户的市场定位，调整其现行的内部管理条例，对基层机构下放更多权力，提高工作效率，更好地满足农户需要；农信社作为农村金融市场上数量最多的正规金融组织，应大力提高其满足农户贷款需求的能力，在企业内部实行因地制宜的管理政策，结合各地区、各网点实际，制定符合各地区客观实际的贷款政策，不搞统一化、一体化。在着眼于农户生产型贷款需求的同时，大力满足众多农户的非生产型贷款需求，提高农户收入质量水平。

7.2.4 推动金融市场主体多元化，为农户收入质量提高创造良好外部环境

目前，由于各主要商业银行还未涉足农村金融领域，农村金融市场上的放款主体相对单一，农户贷款的可选余地较小，正规金融组织的竞争意识和危机意识较差，客观上导致人浮于事、工作效率低下，也降低了农户从正规金融组织获得贷款的预期。因此，政府应出台相关优惠政策，大力推动农村金融市场的发展，改变现有的农村金融主体较为单一的现象，进行贷款产品的创新，激发不同收入质量农户的贷款行为。

（1）加大农村金融组织税收减免力度。鉴于开展农村金融的利润空间较小，政府出于调动金融机构参与市场积极性的目的，应对其税收加以优惠，如营业税减免和所得税减免等。营业税是国家税务机关对公司、企业法人就其营业所得所征收的一种流转税。近几年在农村地区新出现了一些村民自发、自治性质的金融机构，如"村民互助资金合作社"等，由于这些金融机构尚在起步阶段，需要大力拓展业务，但资金基础不够雄厚，因此，对其进行一定的营业税减免，有利于其健康发展。所得税是指国家税务机关对公司、企业法人就其利润所得征收的一种税。和营业税的减免原因相同，金融机构参与农村金融市场所获得的利润本身较有限，再加上不良资产率较高的负担，很多机构已负荷过重，所得税的减免，能够一定程度上减轻金融机构经济负担，促使其开展农村金融业务。

(2) 对农村金融组织进行利率补贴及资金补贴。利率的高低直接决定着金融机构的利润。利率补贴有利于金融机构更多地吸收存款，并吸引农户进行贷款行为，引导大量资本进入农村金融领域。当前，农信社已经实现了贷款利息贴现，国家还可以对正在发展中的中小型农村金融机构进行贷款利息贴现，为其发展创造良好条件。资金补贴是指国家或地方政府将专用于农村发展的资金投入到金融机构的假设和业务开展方面，以缓解农村金融市场上存在的业务开展风险，进而刺激金融机构开展农户贷款业务，解决农户贷款难的问题。

(3) 针对农村金融组织建立利率浮动机制。利率的高低直接决定着金融机构的利润。当前，央行对农村金融机构的利率进行管制，较低的贷款利率限制了金融机构的发展步伐。研究中发现，农户对贷款利率不敏感。因此，可以适当提高农村金融机构的贷款利率，使金融机构获得更高的利润。金融机构出于自身盈利的动机，会自动降低贷款门槛，使更多农户的贷款需求得到满足。在促进自身发展的同时，也打击了农村非法的高利贷市场。

(4) 对农村金融组织再贷款利率进行调整。贷款利率是指企业和公民向银行借款所需承担的利息数额与借出资金的比例。再贷款利率就是金融机构向中央银行借款所付出的成本。央行通过调整再贷款率，可以调节金融机构的现金存量，改变市场上的流通货币总额。当前，央行已经适当降低农村金融机构尤其是丝绸之路沿线省份金融机构的再贷款率，以补充这些金融机构的现金流量，提高其为农户发放贷款的能力。

(5) 积极发展新型农村金融机构服务体系。近几年受益于国家相关部门对于农村金融市场准入门槛的降低，在我国一些地区出现大量新型农村金融机构，拓展了农户的融资渠道。但由于丝绸之路沿线省份区域经济发展不平衡，农户资金需求层次差异大，种类单一的金融服务难以满足农户要求。因此，应建立多种形式的新型农村金融收入质量机构和组织，提高服务的针对性，吸引更多的信贷资金和社会资金进入农村，因地制宜推进村镇银行的发展，鼓励小额信贷组织以及符合丝绸之路沿线省份农村经济状况的保险公司、担保公司的设立，调整农村金融市场准入政策，吸引民间资本进入农村金融市场，并且坚决取缔高利贷等非法金融活动，净化农村金融市场环境。

7.2.5 改变现有贷款政策，发挥金融对农户收入质量提高的带动作用

本书研究表明，目前我国丝绸之路沿线省份农户的贷款需求主要以生活性

为主，这需要金融机构不囿于旧有的思维框架，充分认识到满足农户的非生产型贷款需求对于缩小城乡差距的重要性，调整以往将满足农户的生产型贷款需求作为主要任务的工作思路，扩大放贷范围，增加贷款种类，创新信贷模式，尽可能地满足农户生活性信贷需求，更好更快地帮助他们提高生活水平。由于缺乏抵押物，导致部分农户贷款需求无法满足，因此，需对现有的抵押政策进行调整，扩大抵押物范围，活跃农村金融市场。具体而言，就是要借鉴土地流转和林地产权抵押的经验，将一些传统观念上不能当做抵押物的资产纳入可接受的抵押范围。例如，随着《物权法》的颁布和实施，农户对自家房屋、机械设备的财产权和对租种集体土地的使用权在国家层面上得以认定，为农户作为一个独立的经济个体参与农村金融行为扫清了体制和法律障碍。可以将土地使用权纳入抵押物范畴，农户通过抵押土地使用权的方式向金融机构申请贷款。还可以参考农户贷款季节性的特点，在春季将农户可预期的收入，如农户长势良好的农作物认定为抵押物，农户通过抵押未收获的农产品获得贷款，缓解可支配资金压力。这种做法一方面可以降低资金风险，另一方面也可以满足一部分农户主张的提高贷款资金上限的要求。

本书第3章研究指出，农村社区与城镇社区在很多方面均表现出不同。因此，金融组织在制定政策时多考虑与农村地区生活习惯相结合。农村是伴随着生产力的发展，人类社会发展到一定阶段的产物，是以从事农业生产为主的人聚居的地方。农村社会是建立在血缘、宗法制的地基之上。与城市社会相比，农村社会存在着显著的特征：第一，生活在农村地区的行为人生产生活半径普遍较小，人与人之间的接触频率和了解程度较高；第二，由于生活的地域接近，且人口流动性小，容易形成共同的心理模式和生活习惯，对相同事物的看法较一致；第三，农村社会关系体现出明显的"等差数列"格局，社会交往依照血缘所体现出的远近亲疏极为鲜明，一切社会关系由亲情出发，从身边做起，由此及彼，推己及人体现出差别性，也就是孔子所强调和主张的"仁爱"，这种社会交往格局容易使信息传递的速度加快，对农村金融的发展有极大影响；第四，农村地区思想较单一，行为人跟风、盲从现象较为普遍，同时，农民对能力突出者、年老者的意见重视程度较高，能否使农村金融的工作在一个地区顺利地开展，一定程度上取决于金融工作者的工作宣传能否得到该地区"权威人物"的理解和认同；第五，农村社会治理较城市更为复杂，农村社会的治理虽然也有一定的规章和制度，但在实际操作中一些非正式的制度如约定俗成的习惯等，对村民的约束力更大，在社会治理中所起的效用也更为明显，当正式的规章制度和村民的习惯法相抵触时，村民更多地是按照习惯法约束自身的行为，如果能认识到农村地区习惯法的重要性，乡亲口碑对行为人的巨大影响力，并有效地加以利用，会显著提高收回贷款的比例，有利于金融工作的顺利开展。

7.2.6 激发收入质量较好农户的生产型贷款需求

本书研究发现，丝绸之路沿线省份农户生产型贷款需求普遍不强，多数有贷款需求农户的贷款用途表现为非生产型，造成这种状况的原因主要有以下两点。第一，丝绸之路沿线省份经济发展程度较低。当前我国丝绸之路沿线省份经济发展程度还相对较低，农村地区通过投资办厂富裕起的农户相对较少，相反在一些地区倒有因经营不善导致家庭生活水平下降的例子。由于对投资风险的过分"恐惧"，大多数农户更容易对投资失败的例子存有深刻印象。同时，虽然近些年丝绸之路沿线省份农村地区发展较快，但整体经济水平还较低。多数农户还处于原始积累阶段，没有投资办厂的需要，农村地区缺乏生产型投资的"示范效应"。第二，农户人力资本积累不足。调研中大部分农户表示不了解投资相关知识及法律规定。绝大多数样本对股票、基金、市盈率等投资相关术语缺乏了解，投资概念不清，投资意识不强。这与农村地区信息闭塞、平均教育水平较低等现状有关，一定程度上制约了农户生产型贷款需求的产生。同时，由于农村金融机构的贷款程序过于复杂，有关贷款工作方面的规章及贷款样式合同过于庞杂，语句表达过于书面，由于本身知识积累的缺乏，大部分农户对贷款相关规定和合同内容难以做出全面理解，这进一步制约了农户生产型贷款需求的产生。这一点可以通过对农户的储蓄目的的调研体现出来。农户储蓄的目的调查中，表示为应对子女就学的占38.5%，为应对医疗支出的占26.9%，为建设新房的占17.5%。以生产型支出为目的的储蓄（如攒钱购买大型农用机械等）占7.5%，9.6%的样本表示储蓄目的是为赚取利息。这表明，农户的金融投资观念较弱，大部分储蓄行为是单纯的"攒钱"行为。同时，也进一步说明，医疗费用和教育费用对农户构成较大的经济压力。

为激发丝绸之路沿线省份农户生产型贷款需求，相关部门应针对以上问题，积极引导、鼓励收入质量较好的农户进行融资，推动农村地区经济发展、加快我国城镇化进程以及促进新技术的使用和普及，从而提高农户收入和生活水平。例如，对农户生产型投资创造良好环境，如提供政策倾斜，加大补贴力度等。就农村金融组织角度而言，可以做到以下三点。

（1）简化贷款程序，提高农户贷款积极性。调研中发现，一些农户不产生贷款需求的原因是金融机构的贷款审批程序太复杂，放款周期过长。烦琐的贷款审批程序已经大大抑制了农户贷款需求的产生。具体而言，现行的贷款程序主要有以下三个弊端。

一是时间的极大浪费。现有的贷款程序，从提出贷款申请到最终获得贷款之间往往要间隔几个月的时间。基层金融机构审批时还要与农户进行往返多次的沟通，每次沟通之间的时间间隔也较长。待基层审批通过后，还要上报上级主管部门再进行审批，审批周期又将持续好几个月。其实，上级主管部门的审批完全不需要这么长时间，因为其不直接与农户接触，对农户的各种基本情况无从了解，其审批的主要内容就是检查贷款手续是否齐全，是否符合贷款条件。很多基层金融机构并不是将原始资料上报上级机关审批，而是将农户的资料完备程度和农户信息制作成表格上报，上级机关对农户贷款资料和是否具备贷款资质的信息一目了然。但即便如此，由于责任心的缺失，很多机构的审批周期依然很长。

二是经济成本的无谓消耗。在贷款申请前，农户需要准备非常全面的贷款申请资料。由于贷款政策宣传不到位，很少有农户能够一次性准备齐所有资料，等到了金融机构发现资料提供不全，则需要在金融机构与住所之间来回折返，产生经济支出。对于一些可支配资金不宽裕的农户而言，这笔支出也是不小的负担。

三是贷款资料重复提交的无效性。一些经常申请贷款的农户在每次贷款申请时都要将相同的资料重新提供一遍，金融机构也要重新审批一遍，造成贷款审批中的无效环节过多，审批效率低下，审批周期延长。

因此，农信社等金融机构可以考虑建立贷款申请农户的电子档案，并根据农户资产的变化进行实时更新，减少贷款审批中的无效环节，提高审批效率，缩短审批周期。金融机构还可以对一些还款及时、发展前景好的农户实行贵宾专享制度，提高他们的贷款上限，更高效率地满足他们的贷款需求，实现社会、金融机构以及农户多赢的局面。

（2）调整服务网点分布，方便农户提出贷款申请。调研中发现，距离正规金融组织服务网点较近的农户更容易产生贷款行为，因此，为更好地促进农户收入质量的提高，金融组织应依据客观现实，调整其服务网点的分布。近年来，我国农村地区发展较快，政府对农村的各项基础设施建设也极为重视，全国农村已基本实现公路互通，电缆架设也已遍及边远地区，其余基础设施如教育、水利、医疗等也与之前相比有了很大改观。同时，一些离城市距离较近的农村，由于城市发展的扩张，已面貌大变，转化为城市。而农村金融机构并未关注到这种变化，未及时调整自己的营业网点分布，这就形成基础设施新近改善的地区农村金融网点分布不足，而已经转变为城市的地区依旧存在农村金融网点的局面。农户收入随着基础设施改善大幅度增加的地区，由于金融机构服务网点分布较少，贷款需求难以得到满足。而在已经发展为城市的地区，由于多家商业银行进入，管理体制较为僵化的农村金融机构不具有明显优势与之竞争，造成了金融资源的浪费。鉴于此，农村金融机构应果断舍弃一部分既得利益，对于在城市中业务开展情况不理想的基层网点予以撤销，并在基础设施完备的农村地区开设新的基层网点。这一方面可以整合金融机构资源，提高工作效率；另一方面也可以满足农户的贷款需求，促进当地人员就业，带动当地经济发展。

（3）依据各地区实际，推出贷款专项产品。调研中发现，丝绸之路沿线省份农户的生产型贷款需求的具体用途大多与当地自然条件有关。在适宜进行大棚种植的地区，具有生产型贷款需求农户的贷款用途多与搭建大棚、维护大棚相关；在适宜进行经济作物的地区，具有生产型贷款需求农户的贷款用途多与种植和收割该类经济作物相关；在交通便利、人口流动性大的地区，具有生产型贷款需求农户的贷款用途多与开商铺、建旅馆等服务业相关。虽然贷款用途均为生产型，但由于具体支出内容的不同，对放款周期、还款期限以及贷款利率的要求也具有差异性。因此，金融组织应针对不同种类的生产型贷款的具体特征，制定不同的贷款政策，推出相应的贷款产品，切实为农户提供更好的贷款条件，激发农户的贷款行为。

7.3 研究不足与展望

本书是以收入质量为研究切入点，对农户贷款行为影响因素研究的一种尝试和探索，由于个人能力和水平有限，尚有很多不足。主要体现在以下两个方面，一是样本容量较小，有待进一步扩充。本书的调研数据大体反映出调研样本收入质量的五个维度以及农户贷款行为三个阶段的现状。然而，从样本的分布方面看，本书样本只包括丝绸之路沿线省份的五个省份，其他省份尤其是边远省份的数据未包含在内,没有反映出当前丝绸之路沿线省份农户收入质量和贷款行为的全貌。同时,样本数量较少,仅有784份,导致在对样本分组讨论时个别组的样本量较小。二是对于收入质量对农户贷款行为影响的逻辑分析有待深化。本书在研究收入质量如何影响农户贷款行为时,对于收入质量与贷款行为之间关系进行了逻辑推理,但主要是依据效用理论推导出了具有普世性意义的公式。随着研究的进一步开展,必将发现更多的理论立足点,丰富已有的逻辑框架体系。研究展望方面,作者认为,在后续研究中,可以从以下两个方面展开进一步探索:一是将收入质量概念运用于更多领域,如收入可持续性评估、收入获取效率评估等;二是运用现代化通信手段,动态跟踪研究农户收入质量和贷款行为的变化,构建具有针对性的规模较大的数据库,为今后的相关研究能够更好地开展奠定基础。

附录

收入质量对丝绸之路沿线省份农户贷款行为影响调查

调查日期：_____年_____月_____日 调查学生姓名：_____
地点：_____省_____市_____县_____乡_____村

您好！首先感谢您抽出宝贵时间参与我们的调查。我们是西北农林科技大学国家自然科学基金项目组。我们希望收集一些您收入质量及贷款行为方面的信息，并为进一步提高农户收入提供可行性建议。您的回答将完全保密，并在任何情况下不可能被识别。此外，我们知道您可能无法记得精确的数字，如果这样，您只需要提供给我们您最佳的判断或估计。

第一部分

1. 性别　1. 男_____　　0. 女_____
2. 年龄　1. 25 岁以下_____　2. 25~40 岁_____
　　　　3. 40~55 岁_____　4. 55 岁及以上_____
3. 婚姻状况　1. 已婚_____　0 未婚_____
4. 您是户主吗？1. 是_____　0. 不是_____
5. 您的籍贯所在地是_____省_____市_____区（或县）
6. 您现在的居住地是_____省_____市_____区（或县）
　　如果与上题相同，请在此画"√"_____。否则，请如实填写。
7. 您的户口现状是：1. 未迁移_____　2. 迁移到现工作地_____
　　　　　　　　　3. 迁移到别处_____
　　7.1　您现在的户口类型是：1. 农业户口_____
　　　　　　　　　　　　　　 2. 非农业户口_____
8. 包括您在内家里有_____口人
　　8.1　有_____口人在打工

9. 您的最高教育程度：1. 小学_____ 2. 初中_____
              3. 高中_____ 4. 大专及以上_____
10. 您所从事职业的技能要求
    1. 很高（体力为主，包含少部分技能或不包含技能）_____
    2. 一般（体力和技能各占一半）_____
    3. 较低（技能为主，包含少部分体力或不包含体力）_____

第二部分

1. 您家总共有几亩地？ 1. 2 亩以下_____ 2. 2~5 亩_____
              3. 5 亩以上_____
2. 您家有没有租种别人的土地？ 1. 有_____ 0. 没有_____
    2.2 若有，您租了多少亩土地？_____
3. 您家总资产现价值多少元？
    1. 5 万元以下_____ 2. 5 万~10 万元_____
    3. 10 万~15 万元_____ 4. 15 万元以上_____
4. 您对贷款政策是否了解？ 1. 了解_____ 0. 不了解_____
5. 您家有几口人？ 1. 3 人及以下_____ 2. 3~6 人_____
              3. 6 人以上_____
6. 近三年您家年均总收入约为多少？
    1. 2 万元以下_____ 2. 2 万~4 万元_____
    3. 4 万~6 万元_____ 4. 6 万元以上_____
7. 近三年您家的收支情况？
    1. 入不敷出_____ 2. 收支平衡_____ 3. 收大于支_____
8. 您家储蓄情况？ 1. 2 万元以下_____ 2. 2 万~5 万元_____
              3. 5 万元以上_____
    8.1 您的储蓄目的为： 1. 子女就学_____ 2. 医疗支出_____
                  3. 新建房屋或房屋加固_____
                  4. 生产型支出_____ 5. 赚取利息_____
9. 请估计您家庭的打工收入占总收入的百分比_____
    1. <40%_____ 2. 40%~70%_____ 3. >70%_____
10. 请估计您家庭的务农收入占总收入的百分比_____
    1. <40%_____ 2. 40%~70%_____ 3. >70%_____

11. 请估计您家庭的转移收入占总收入的百分比_____
    1. <40%_____ 2. 40%~70%_____ 3. >70%_____
12. 请估计您家庭的财产性收入占总收入的百分比_____
    1. <40%_____ 2. 40%~70%_____ 3. >70%_____
13. 近三年您家务工收入波动情况?
    1. 下降10%以上_____ 2. 正负10%以内_____
    3. 上升10%以上_____
14. 近三年您家务农收入波动情况?
    1. 下降10%以上_____ 2. 正负10%以内_____
    3. 上升10%以上_____
15. 近三年您家家庭主要劳动力换单位次数?_____
16. 近三年您家家庭主要劳动力换行业次数?_____
17. 主要劳动力就业类型? 1. 临时工_____ 2. 合同工_____
                    3. 正式工_____
18. 家庭主要劳动力务工年限?
19. 近三年年均务工成本?
    1. 2000元以下_____ 2. 2000~3000元_____
    3. 3000元以上_____
20. 近三年年均务农成本?
    1. 1000元以下_____ 2. 1000~2000元_____
    3. 2000元以上_____
21. 务农成本花费领域为?_____

第三部分

1. 您年均务工时间? 1. 3个月以下_____ 2. 3~6个月_____
                3. 6~9个月_____ 4. 9个月以上_____
2. 您现在的打工地是 1. 本县_____ 2. 本市外县_____
                3. 本省外市_____ 4. 外省_____
                5. 国外_____
3. 您如何获取的求职信息?
    1. 亲朋介绍_____ 2. 企业发布信息_____
    3. 政府安排_____ 4. 中介机构_____

4. 您是否已经在打工所在地购房？　1. 已购房＿＿＿＿　　2. 租房＿＿＿＿

　　　　　　　　　　　　　　　　3. 住单位宿舍＿＿＿＿

5. 您都去过什么地方打工？

6. 您是受雇者还是自营者（包括个体户）？

　　1. 受雇者＿＿＿＿　　2. 自营者＿＿＿＿

　　6.1　您所在的单位性质是：

　　　　　1. 国有企业＿＿＿＿　　　2. 私企或民企＿＿＿＿

　　　　　3. 外企＿＿＿＿　　　　　4. 个体户＿＿＿＿

　　6.2　您的就业类型属于：　1. 临时工＿＿＿＿　2. 合同工＿＿＿＿

　　　　　　　　　　　　　　3. 正式工＿＿＿＿

　　6.3　您现在从事的是：　1. 技术岗位＿＿＿＿　2. 管理岗位＿＿＿＿

　　　　　　　　　　　　　　3. 销售岗位＿＿＿＿　4. 工人岗位＿＿＿＿

7. 您所从事的行业是：

　　1. 建筑业＿＿＿＿　2. 服务业＿＿＿＿　3. 交通运输业＿＿＿＿

　　4. 加工制造业＿＿＿＿　5. 采矿业＿＿＿＿

8. 您从事的行业是否对健康有损害？

　　1. 没有损害＿＿＿＿　2. 损害一般＿＿＿＿　3. 损害很大＿＿＿＿

9. 您家是否有人在外务工？＿＿＿＿

10. 您打工的月收入为：

　　1. 500 元以下＿＿＿＿　　　　2. 500～1000 元＿＿＿＿

　　3. 1000～1500 元＿＿＿＿　　 4. 1500～2000 元＿＿＿＿

　　5. 2000～2500 元＿＿＿＿　　 6. 2500～3000 元＿＿＿＿

　　7. 3000 元以上＿＿＿＿

11. 您每月的消费为：

　　1. 400 元以下＿＿＿＿　　　　2. 400～600 元＿＿＿＿

　　3. 600～800 元＿＿＿＿　　　 4. 800～1000 元＿＿＿＿

　　5. 1000～1200 元＿＿＿＿　　 6. 1200～1400 元＿＿＿＿

　　7. 1400 元以上＿＿＿＿

12. 近三年您家总收入波动情况？

　　1. 下降 10% 以上＿＿＿＿　　 2. 正负 10% 以内＿＿＿＿

　　3. 上升 10% 以上＿＿＿＿

13. 您每天的工作时间是:
    1. 不足 8 小时_____   2. 8~9 小时_____
    3. 9~10 小时_____   4. 10 小时以上_____

14. 您每周的休假时间是:
    1. 2 天_____   2. 1 天_____
    3. 不足一天_____   4. 没有休假_____

15. 您的工资领取方式是:
    1. 按日领取_____   2. 按周领取_____
    3. 按月领取_____   4. 按年领取_____
    5. 不固定_____

16. 您的工资能否按期领取?
    1. 基本按时_____   2. 有时延期_____
    3. 经常延期_____   4. 无法领取_____

    16.1 2013 年您的工资是否可以按期领取?
        1. 是_____   0. 否_____

    16.2 2013 年您的工资是否可以足额领取?
        1. 是_____   0. 否_____

17. 被拖欠的工资、医疗费最后的结果是:
    1. 能全部追回_____   2. 追回大部分_____
    3. 追回小部分_____   4. 无法追回_____

第四部分

1. 您换工作的主要原因是(可多选,请按重要程度排序):
1. 原单位工资水平不高 2. 原单位工资不公平 3. 原单位没有津贴或津贴水平过低 4. 原单位工作超时加班 5. 原单位工作条件太差 6. 原单位工作强度太大 7. 原单位工作环境恶劣 8. 原单位工作不安全 9. 原工作没有意义 10. 原单位直接上司的管理技能差 11. 原单位直接上司的人品有问题 12. 到新单位学习新技术,扩展新能力 13. 新单位有更好的职业生涯发展机会 14. 配偶调动 15. 即将结婚 16. 家庭成员的健康状况 17. 自己的健康状况 18. 自己因工作受伤 19. 不符合原单位试用期要求 20. 拒绝原单位降级或调任决定 21. 不认同原单位的企业文化 22. 其他原因(请注明)_____

按重要程度排序：

1 _____ 2 _____ 3 _____ 4 _____ 5 _____
6 _____ 7 _____ 8 _____ 9 _____ 10 _____
11 _____ 12 _____ 13 _____ 14 _____ 15 _____
16 _____ 17 _____ 18 _____ 19 _____ 20 _____
21 _____ 22 _____

2. 您是否产生自我包装费、请客送礼费、求职中介费及学习费？
3. 年生活用品及房屋租赁费？
   1. 1000 元以下_____   2. 1001~1500 元_____
   3. 1501~2000 元_____   4. 2001~2500 元_____
   5. 2500 元以上_____
4. 您获得目前这份工作花费的往返交通费是多少元？
   1. 50 元以下_____   2. 50~100 元_____
   3. 100~200 元_____   4. 200~300 元_____
   5. 300 元以上_____
5. 外出务工的年食品及交通费大概为多少元？
   1. 300 元以下_____   2. 300~600 元_____
   3. 601~900 元_____   4. 901~1200 元_____
   5. 1200 元以上_____
6. 您年均税费为多少元？
   1. 100 元以下_____   2. 100~300 元_____
   3. 301~500 元_____   4. 500 元以上_____
7. 您年均休闲费是多少元？
   1. 100 元以下_____   2. 101~200 元_____
   3. 201~300 元_____   4. 301~400 元_____
   5. 400 元以上_____
8. 工作对身体是否造成损害？
   1. 没有损害_____   2. 损害一般_____   3. 损害很大_____
9. 您年平均回几次家？
   1. 一次_____   2. 2~3 次_____
   3. 3~5 次_____   4. 5 次以上_____
10. 您在外打工以来遭受的意外损失有多少（包括被偷被抢被勒索及其他

人身意外伤害)？

　　1. ≤100 元_____　　　　2. 101~500 元_____

　　3. 501~1000 元_____　　4. ≥1000 元_____

11. 如果您不外出打工，而是把打工的时间用于在家务农，每年能取得的收入是：

　　1. 没有_____　　　　　　2. 3000 元以下_____

　　3. 3000~5000 元_____　　4. 5001~8000 元_____

　　5. 8001~10000 元_____　　6. 10000 元以上_____

12. 通过打工，你的社会关系有没有增加？

　　1. 在当地认识了一些朋友_____

　　2. 与原来一样_____

　　3. 比原来更差_____

13. 您是否有亲戚或朋友在党政机关工作？　1. 是_____　0. 否_____

14. 您是否有亲戚或朋友在银行或信用社工作？

　　1. 是_____　　　0. 否_____

15. 您是否有亲戚或朋友是企业管理人员？　1. 是_____　0. 否_____

16. 您家里有电脑吗？　1. 是_____　0. 否_____

17. 您家里能上网吗？　1. 是_____　0. 否_____

18. 您家里有电话或手机吗？　1. 是_____　0. 否_____

第五部分

1. 近三年内您是否借过钱？

　　1. 是_____　0. 否_____

　　1.1　您没有借钱的原因是？

　　　　1. 自有资金充足_____　　2. 担心丧失抵押物_____

　　　　3. 担心贷款行为失败_____　4. 交通不便_____

　　　　5. 服务态度恶劣_____

2. 您的贷款用途为？

　　1. 生产型_____　　0. 非生产型_____

　　2.1　若为生产型，您的具体投资领域为？

　　　　1. 农业规模化种植_____　　2. 农产品营销、加工_____

　　　　3. 运输业_____　　　　　　4. 居民服务业_____

5. 餐饮住宿业_____
   2.2. 若为非生产型，您的具体投资领域为？
      1. 新建房屋或加固_____   2. 医疗支出_____
      3. 子女教育支出_____   4. 人情往来支出_____
3. 您的贷款资金获取渠道为？
   1. 农信社_____   2. 农业银行_____
   3. 其他商业银行_____   4. 亲戚_____
   5. 朋友_____   6. 民间高利贷_____
   3.1. 您选择贷款渠道时的最主要参考因素？
      1. 放款周期_____   2. 还款期限_____
      3. 贷款上限_____   4. 贷款利率_____
4. 您申请的贷款金额为_____   实际获得的贷款金额为_____
5. 您的还款期限为？ 1. 1年以下_____ 2. 1~3年_____
   3. 3年以上_____
6. 您的还款情况为？ 1. 已经还清_____ 2. 已还了一部分_____
   3. 未还款，且不打算还款_____
7. 您的贷款时间为？
   1. 春_____ 2. 夏_____ 3. 秋_____ 4. 冬_____
8. 您认为哪个因素最有利于提高您的收入质量（可多选，请按重要程度排序）？
   1. 收入的数量增加 2. 收入的稳定性提高 3. 工作的稳定性提高
   4. 收入结构合理 5. 收入来源多元化 6. 降低税费负担
   7. 较小的机会成本 8. 不需要请客送礼找熟人就能找到工作
   9. 就业渠道畅通 10. 减少失业和待业时间
   11. 和家人在一个城市团聚 12. 拥有较高学历
   13. 拥有较高的职业技能 14. 保持良好的健康状况
   请按重要程度排序：
   1_____   2_____   3_____   4_____   5_____
   6_____   7_____   8_____   9_____   10_____
   11_____   12_____   13_____   14_____
9. 我现在的家庭收入比原先稳定：
   1. 非常同意_____   2. 同意_____   3. 中立_____

4. 不同意_____　　5. 非常不同意_____

9. 1. 我现在的家庭收入比城镇居民稳定：

　　　1. 非常同意_____　2. 同意_____　3. 中立_____

　　　4. 不同意_____　　5. 非常不同意_____

10. 我现在的经济状况比原先好

参考文献

1. 白菊红. 农村家庭户主人力资本存量与家庭收入关系实证分析. 西北农林科技大学学报, 2004 (9): 46-51.
2. 鲍艳玲. 规范农民专业合作组织实现农业增效农民增收. 合作经济组织, 2007 (3): 6-7.
3. 蔡昉. "工业反哺农业、城市支持农村"的经济学分析. 中国农村经济, 2006 (1): 11-17.
4. 曹利群. 多功能农业的产生背景、研究概况与借鉴意义. 经济社会体制比较, 2009 (2): 152-156.
5. 曹啸, 吴军. 我国金融发展与经济增长关系的格兰杰检验和特征分析. 财贸经济, 2002 (5): 40-43.
6. 方松海, 王为农, 黄汉权. 增加农民收入与扩大农村消费研究. 管理世界, 2011 (5): 66-80.
7. 官建强, 张兵. 农户借贷对其收入影响的实证分析——基丁江苏农户调查的经验数据. 江苏社会科学, 2008 (3): 223-227.
8. 韩宁. 低收入农户贷款需求因素分析. 浙江农业科学, 2010 (1): 206-208.
9. 韩廷春. 金融发展与经济增长: 基于中国的实证分析, 2001 (3): 31-40.
10. 何德旭, 饶明. 我国农村金融市场供求失衡的成因分析: 金融排斥性视角. 经济社会体制比较, 2008 (2): 108-114.
11. 何广文, 李莉莉. 农村小额贷款市场空间分析. 银行家, 2005 (11): 108-111.
12. 何广文. 从农村居民资金借贷行为看农村金融抑制与金融深化. 中国农村经济, 1999 (10): 42-48.
13. 何广文. 金融支农: 责无旁贷, 现状堪忧. 中国经济报告, 2006

(2): 91-95.

14. 何广文. 新农村建设的金融投入困境及其政策选择. 小城镇建设, 2006 (3): 52-56.

15. 何广文. 构建社区导向型新农村建设金融服务机制. 西南金融, 2007 (1): 8-10.

16. 侯旭丹. 农户民间借贷行为研究——基于乐清市的实证分析. 浙江: 浙江大学, 2006.

17. 黄祖辉, 刘西川, 程恩江. 中国农户的信贷需求: 生产性抑或消费性——方法比较与实证分析. 管理世界, 2007 (3): 73-80.

18. 霍学喜, 屈小博. 西部传统农业区域农户资金贷款需求与供给分析-对陕西渭北地区农户资金借贷的调查与思考. 中国农村经济, 2005 (8): 58-67.

19. 纪志耿. 农户借贷动机的演进路径研究——基于三大"小农命题"的分析. 经济体制改革, 2007 (6): 95-99.

20. 姜长云. 中国农民收入增长趋势的变化. 中国农村经济, 2008 (9): 4-12.

21. 蒋和平, 黄德林. 中国农业现代化发展水平的定量综合评价. 农业现代化研究, 2006 (2): 87-91.

22. 孔荣, 王欣. 关于农民工收入质量内涵的思考. 农业经济问题, 2013 (6): 55-60.

23. 寇荣, 李鹏, 谭向勇. 农民工收入分配的影响因素分析——基于对粮食主产区的调查. 农业经济问题, 2007 (9): 72-76.

24. 黎翠梅, 陈巧玲. 传统农区农户借贷行为影响因素的实证分析——基于湖南省华容县和安乡县农户借贷行为的调查. 农业技术经济, 2007 (5): 44-48.

25. 李江. 中国农业文化特征与农户的融资次序. 上海金融, 2004 (10): 12-16.

26. 李锐, 李超. 农户借贷行为和偏好的计量分析, 中国农村经济, 2007 (8): 6-16.

27. 李锐, 李宁辉. 农户借贷行为及其福利效果分析. 经济研究, 2004 (12): 96-104.

28. 李晓明, 何宗干. 传统农区农户借贷行为的实证分析——基于安徽省农户借贷行为的调查. 农业经济问题, 2006 (6): 36-38.

29. 李延敏, 罗剑朝. 农户借贷行为区域差异分析及金融对策. 农村经济, 2006 (11): 60-63.

30. 李延敏. 中国农户借贷行为研究. 北京: 人民出版社, 2005.

31. 李延敏. 不同类型农户借贷行为特征. 财经科学, 2008 (7): 23-30.

32. 李颖, 陈瑞燕, 郭翔宇. 农户借贷行为调查研究. 乡镇经济, 2008, 24 (9): 22-25.

33. 李颖. 中国农村居民收入差距研究. 北京: 中国农业出版社, 2005: 61-92.

34. 李钊, 李国平, 王舒健. 金融发展与经济增长: 基于两部门模型的中国实证研究. 南方经济, 2006 (6): 32-40.

35. 李子奈, 潘文卿. 计量经济学. 北京: 高等教育出版社, 2006: 66-72.

36. 林富民. 农民增收质量问题浅论. 前沿, 2005 (2): 59-62.

37. 林光彬. 等级制度、市场经济与城乡收入差距扩大. 管理世界, 2004 (4): 30-41.

38. 林毅夫. 制度、技术与中国农业发展. 上海: 上海三联书店, 1992.

39. 林毅夫. 再论制度、技术与中国农业发展. 北京: 北京大学出版社, 2003: 188-209.

40. 林毅夫. 落实社会主义新农村建设的五点建议. 金融经济, 2006 (4): 15-16.

41. 刘洁, 秦富. 我国农户金融参与意愿及其影响因素分析——基于河北省435名农户的调研数据. 技术经济, 2009 (4): 81-87.

42. 刘金钵, 任荣明. 我国农村信用社发展的问题与对策. 贵州农业科学, 2004 (3): 85-86.

43. 刘西川. 贫困地区农户的信贷需求与信贷约束. 浙江: 浙江大学, 2007.

44. 刘雪莲. 基于博弈论的中国农村小额贷款问题研究. 东北农业大学, 2009.

45. 刘玉春, 修长柏. 农村金融发展、农业科技进步与农民收入增长. 农业技术经济, 2013 (9): 92-100.

46. 吕青芹. 欠发达地区与发达地区农户贷款需求意愿比较研究——以贵

州同仁地区和北京郊区为例．北京：中国农业大学，2007．

47. 罗纳德·麦金农著，卢骢译．经济发展中的货币与资本．上海三联书店，1988．

48. 马九杰，刘海英，温铁军．农村贷款约束与农村金融体系创新．中国农村金融，2010（2）：39-41．

49. 马克斯·韦伯．《新教伦理与资本主义精神》．上海：上海人民出版社，2010（8）．

50. 马小勇，白永秀．农户个体特征与贷款约束：对两类贷款市场的比较分析．软科学，2011（2）．

51. 马小勇．中国农户收入风险应对机制与消费波动的关系研究．西北大学，2008．

52. 马晓青，黄祖辉．农户贷款需求与融资偏好差异化比较研究——基于江苏省588户农户调查问卷．南京农业大学学报（社会科学版），2010（1）：57-63．

53. 马晓青，刘莉亚，胡乃红等．贷款需求与融资渠道偏好影响因素的实证分析．中国农村经济，2012（5）：65-76．

54. 马永强．中国农户融资现状与民间借贷偏好分析——来自全国农户借贷调查问卷．经济学家，2011（6）：28-37．

55. 牛荣，罗剑朝，孔荣．影响农户借贷行为因素的对比分析——基于陕西省千阳县的实证分析．商业经济与管理，2010（8）：53-59．

56. 牛荣，罗剑朝，张珩．陕西省农户借贷行为研究．农业技术经济，2012（4）：24-30．

57. 牛荣，罗剑朝．陕西省农村经济增长中正规金融支持效果分析．西安电子科技大学学报（社会科学版），2011（1）：75-79．

58. 牛荣．陕西省农户借贷行为研究．西北农林科技大学，2013．

59. 秦建国，吕忠伟，秦建群．我国西部地区农户借贷行为影响因素的实证研究——基于804户农户调查数据分析．财经论丛，2011（3）：78-84．

60. 秦建群，吕忠伟，秦建国．农村二元金融结构与农户信贷渠道选择行为．山西财经大学学报，2011（9）49-56．

61. 秦建群，吕忠伟，秦建国．农户分层信贷渠道选择行为及其影响因素分析——基于农村二元金融结构的实证研究．数量经济技术经济研究，2011（10）：37-49．

62. 秦建群, 吕忠伟, 秦建国. 中国农户信贷需求及其影响因素分析——基于 Logistic 模型的实证研究. 当代经济科学, 2011 (5): 27-33.

63. 秦建群, 秦建国, 吕忠伟. 农户信贷渠道选择行为: 中国农村的实证研究. 财贸经济, 2011 (9): 55-62.

64. 屈小博, 钟学军, 霍学喜. 传统农区农户借贷的需求与供给——基于陕西渭北地区农户借贷行为的调查. 西北农林科技大学学报 (社会科学版), 2005 (3): 11-14.

65. 史清华, 陈凯. 欠发达地区农民借贷行为的实证分析——山西 745 户农民家庭的借贷行为的调查. 农业经济问题, 2002 (10): 29-35.

66. 史清华, 万广华, 黄琮. 沿海与内地农户家庭储蓄借贷行为比较研究——以晋浙两省 1986—2000 年固定跟踪观察的农户为例. 中国农村观察, 2004 (2): 26-33.

67. 史清华. 农户家庭储蓄与借贷行为及演变趋势研究. 中国经济问题, 2002 (6): 66-78.

68. 舒尔茨 (Theodore W. Schultz). 改造传统农业. 商务印书馆, 1987 (4).

69. 宋洪远. 经济体制与农户行为一个理论分析框架及其对中国农户问题的应用研究. 经济研究, 1994 (8): 22-28.

70. 谈儒勇. 中国金融发展和经济增长关系的实证研究. 经济研究, 1999 (10): 53-61.

71. 唐平. 农村居民收入差距的变动及影响因素分析. 管理世界, 2006 (5): 77-83.

72. 汪海洋等. 财政农业支出与农民收入增长关系研究. 西北农林科技大学学报 (社会科学版), 2014 (1): 72-79.

73. 王德祥, 李建军. 新农村建设、财政支出与农民收入增长——基于贵州省遵义市 12 个县的实证分析. 农业经济问题, 2009 (2): 46-60.

74. 王定祥, 田庆刚, 李伶俐, 王小华. 贫困型农户贷款需求与贷款行为实证研究. 金融研究, 2011 (5): 124-138.

75. 王芳. 陕西省农户借贷行为比较研究. 西北农林科技大学, 2012.

76. 王丽萍, 霍学喜, 邓武红. 西部地区农户资金借贷实证分析——以陕西省 248 户调查为例. 中国农业大学学报, 2006 (3): 53-57.

77. 王丽萍, 李平, 霍学喜. 论非农化进程的农户借贷行为. 重庆大学学报（社会科学版），2006（4）：28-33.

78. 王丽萍，李平，霍学喜．西部地区农户借贷行为分析——基于陕西 248 家农户的调查与思考．电子科技大学学报（社会科学版），2007（1）：22-27.

79. 王欣，孔荣．影响农民工收入质量的因素研究．统计与信息论坛，2013（3）：41-46.

80. 温涛，冉光和，熊德平．中国金融发展与农民收入增长．经济研究，2005（9）：30-43.

81. 吴敬琏．经济学家、经济学与中国改革．经济研究，2004（2）：8-16.

82. 徐祥临．新农村建设资金的形成机制．江苏行政学院学报，2006（5）：45-49.

83. 许庆，田士超，徐志刚，邵挺．农地制度、土地细碎化与农民收入不平等．经济研究，2008（2）：66-79.

84. 颜志杰，张林秀，张兵．中国农户信贷特征及其影响因素分析．农业技术经济，2005（4）：2-8.

85. 叶静忠，朱炎洁，杨洪萍．社会学视角的农户金融需求与农村金融供给．中国农村经济，2004（8）：33-37.

86. 易小兰．农户正规贷款需求及其正规贷款可获性的影响因素分析．中国农村经济，2012（2）：56-63.

87. 尹志超，王引，关颖颖，张士宵．农户融资行为与农民收入——基于四川调查数据的分析．山东经济，2011（3）：113-117.

88. 尤小文．农户：一个概念的探讨．中国农村观察，1999（5）：17-20.

89. 曾学文，张帅．我国农户贷款需求影响因素及差异性的实证分析．统计研究，2009（11）：82-86.

90. 翟虎渠．大力加强农业科研协作努力提高自主创新能力．农业科研经济管理，2006（1）：5-8.

91. 张乃文．我国农民财产性收入现状及原因探析．农业经济，2010（04）：36-38.

92. 张树基．经济较发达地区农户借贷行为的实证分析．浙江金融，2006（9）：45-46.

93. 张素霞．加强农业信息化建设以促进农民增收．中国农村科技，2007

(1): 54-55.

94. 张新民等. 农户借贷收入与长期投入增长的不对称性, 载于农村金融与信贷政策. 北京: 中国农业出版社, 2001.

95. 张正平, 何广文. 农户信贷约束研究进展述评. 河南社会科学, 2009 (2): 44-49.

96. 钟春平, 孙焕民, 徐长生. 贷款约束、贷款需求与农户借贷行为: 安徽的经验证据. 金融研究, 2010 (11): 189-206.

97. 周立, 王子明. 中国各地区金融发展与经济增长实证分析: 1978~2000. 金融研究, 2002 (10): 1-13.

98. 周小斌, 耿洁, 李秉龙. 影响中国农户贷款需求的因素分析. 中国农村经济, 2004 (8): 26-30.

99. 周宗安. 农户贷款需求的调查与评析: 以山东省为例. 金融研究, 2010 (2): 195-206.

100. 朱喜, 李子奈. 我国农村正式金融机构对农户的贷款配给———个联立离散选择模型的实证分析. 数量经济技术经济研究, 2006 (3): 37-49.

101. 朱信凯, 刘刚. 非正规金融缓解农户消费贷款约束的实证分析. 经济理论与经济管理, 2007 (4): 45-49.

102. Adelman. Redistribution before Growth—A Strategy for Developing Countries. Martinus NiJihof: the Hague, 1978.

103. Akram, W., Hussain, Z., Sial, M. H. & Hussain, I. Agricultural Credit Constraints and Borrowing Behavior of Farmers in Rural PunJab. European Journal of Scientific Research, 2008, 23 (2): 294-304.

104. Aleem, I. 1993. Imperfect information, screening and the costs of informal lending: Study of a rural credit market in Pakistan.

105. Barham. Credit constraints, credit unions, and small—scale producers in Guatemala. World Development, 1996, 24: 793-806.

106. Barro R. The loan market, collateral, and the rate of interest Journal of Money, Credit and Banking, 1976, 8 (4): 439-456.

107. Binswanger H P, Khandker S R, Rosenzweig M R. The impact of infrastructures and financialinstitutions on agricultural output and investment in India. Word Bank, Washington D. C, 1988.

108. Binswanger H P, Rosenzweig M R. Behavioral and material determinants

of productionrelations in agriculture. Journal of Development Studies, 1986, 22 (3): 503 – 539.

109. Binswanger H P, Sillers D A. Risk aversion and credit constraints in farmers'decision-making: A reinterpretation. Journal of Development Studies, 1983, 20 (1): 5 – 21.

110. Bliss C J, Stem Nicholas. 1982. Palanpur: The economy of an Indian village. Oxford University Press, Oxford, UK.

111. Boucher, S. Guirkinger, C. and C. Trivelli. Direct elicitation of credit constraints: Conceptual and practical issues with an empirical application to Peruvian agriculture. Selected paper presented at the American Agricultural Economics Association Annual Meeting, Providence, 2005 (7): 24 – 27.

112. Brown M. On the theory and measurement of technological change. London: Cambridge University Press, 1966.

113. Cai, F. Wang, D. W. &Du, Y. Labor market distortion and economic growth: examining institutional components of regional disparity in China. China Economic Review, 2002 (110): 197 – 212.

114. Calum Turvey, Rong Kong. Informal lending amongst friends and relatives: Can microcredit compete in rural China? . China Economic Review, 2002, 21: 544 – 556.

115. Carter M, Wiebe K. Access to capital and its impact on agrarian structure and productivity in Kenya. American Journal of Agricultural Economics, 1990, 72 (5): 1146 – 1150.

116. Carter, M. R. Equilibrium credit rationing of small farm agriculture. Journal of Developing Economies, 1988 (28): 83 – 103.

117. Demetriades Arestis P. O. and K. A. Hussein. Does Financial Development Cause Economic Growth? Time series Evidence from 16 countries. Journal of Development Economics, 1996, 51 (2): 387 – 511.

118. Dillon J L, Scandizzo P L. Risk attitudes of subsistence farmers in North East Brazil: A sampling approach. American Journal of Agricultural Economics, 1978, 60 (3): 425 – 435.

119. Duong & Izumida. "Rural Development Finance in Vietnam: A Microeconometric Analysis of Household Surveys. World Development, 2002, 30: 319 –

335.

120. F. N. Okurut, A. Schoombee, S. Van Der Berg. Credit Demand and Credit Rationing in the Informal Financial Sector in Uganda. South African Journal of Economics, 2005 (73): 3September.

121. Freimer M, Gordon M. Why bankers ration credit. Quarterly Journal of Economics, 1965, 79 (3): 497 - 514.

122. Ghate P B. Interaction between the formal and informal financial sectors: The Asian experience. World Development, 1992, 20 (6): 859 - 872.

123. Guirkinger, C. Understanding the Coexistence of Formal and Informal Credit Markets in Piura, Peru. World Development, 2008, 36 (8): 1436 - 1452.

124. han J. Morris A. and Sun. Financial Development and Economic Growth: An Egg and Chicken Problem? . Review of International Economics, 2001 (9): 443 - 454.

125. Harris, J. &Todaro, M. Migration, unemployment and development: A two sector analysis. American Economic Review, 1970 (60): 126 - 142.

126. Iqbal, F. The Demand for Funds by Agricultural Households: Evidences from Rural India, Journal of Development Studies, 1983, 20 (1): 45 - 51.

127. Iqbal, F. The Demand and Supply of Funds among Agricultural Households in India, in Agricultural Household Models: Application and Policy, editors Singh, Squire and Strauss, World Bank Publication, John Hopkins University Press, Baltimore and London, 1986.

128. Jean - Philippe Boucher, Michel Denuit. Credibility premiums for the zero-inflated Poisson model and new hunger for bonus interpretation. Insurance: Mathematics and Economics, 2008 (42): 727 - 735.

129. Jeffee D, Russel T. Imperfect information, uncertainty, and credit rationing. Quarterly Journal of Economics, 1976, 90 (4): 651 - 666.

130. John C. H. Fei Gustav Rains Growth and development From an Evolutionary Perspective, Blackwell Publishers Ltd, 1999.

131. John Gile. Rural - Urban Migration in China Asian Economic Journal, 2002, 16 (3): 263.

132. Joseph Alois Schumpeter. The Theory of Economic Development. Transaction Publishers, 1911.

133. Kakwani N C, Podder N. On the Estimation of Lorenz Curves from Grouped Observations, 1973.

134. Karla Hoff, Joseph E. Stiglitz. Moneylenders and bankers: Price-increasing subsidies in a monopolistically competitive market. Journal of Development Economics, 1998, 55: 485 – 518.

135. Khandker S R, Faruqee R R. The impact of farm credit in Pakistan. Agricultural Economics, 2003, 28 (3): 197 – 213.

136. Khandker S R, Pitt M M. The impact of group-based credit on poor households: an analysis of panel data from Bangladesh. World Bank, Washington D. C, 2003.

137. King Robert G. and Ross Levine. Finance and Growth: Schumpeter Might Be Right. Quarterly Journal of Economics, 1993, 108 (3): 513 – 542.

138. Kochar A. Explaining household vulnerability to idiosyncratic income shocks. American Economic Review, 1995, 85 (2), 159 – 164.

139. Levi J, Havinden M. Economics of African agriculture. London: Longman, 1982.

140. Levine Ross. More on finance and growth: more finance, more growth? Federal Reserve Bank of ST. Louis Review, 2003, 85 (4): 31 – 46.

141. Lin, Y. F. An economic theory of institutional change: Induced and imposed change. CATO Journal, 1998 (1): 1 – 33.

142. Lin, Y. F. Collectivization and China's agricultural Crisis in 1959 – 1961. Journal of Political Economy, 1990 (6): 1228 – 1254.

143. Lin, Y. F. Wang, G. W. &Zhao, Y. H. Regional inequality and labor transfers in China. Economic Development and Cultural Change, 2004 (3): 587 – 603.

144. Lipton M. The theory of the optimizing peasant. Journal of Development Studies, 1968, 4 (3), 327 – 351.

145. Long MF. Why peasant's farmers borrow?. American Journal of Agricultural Economics, 1968, 50 (4): 991 – 1008.

146. Martin Petrick. Farm investment, credit rationing, and governmentally promoted credit access in Poland: A cross-sectional analysis. Food Policy, 2004, 29: 275 – 294.

147. McKinnon, R. Money and Capital in Economic Development, Brooking

institute. Washington, 1973.

148. Mellor J W. The use and productivity of farm family labor in early stages of agricultural development. Journal of Farm Economics, 1963, 45 (3): 517 – 533.

149. Morduch J. Does microfinance really help the poor? New evidence from flagship programs in Bangladesh. Department of Economics and HIID, Harvard University, 1998.

150. Nakajima C. Subsistence and commercial family farms: some theoretical models of subjective equilibrium. In Subsistence agriculture and economic development. C R Wharton (Eds:), London: Frank Cass & Co, 1970.

151. Nelson R. A diffusion model of international productivity differences in manufacturing industry. American Economic Review, 1968, 58 (5): 1219 – 1248.

152. Norman D W. Rationalising mixed cropping under indigenous conditions: The example of northern Nigeria. The Journal of Development Studies, 1974, 11 (1): 3 – 21.

153. Ohlin. The Cause and Phases of the World Economic Depression. Report presented to the Assembly of the League of Nations Geneva: Secretariat of the League of Nations, 1931.

154. Pischke Adams Donald. Rural financial markets in developing countries. The Johns Hopkins University Press, 1987.

155. Ravi, S. Borrowing Behaviour of Rural Households, 2003, October 7.

156. Riskin, C. Chinese rural poverty: marginalized or dispersed? American Economic Review. American Economic Association, 1994 (2): 281 – 284.

157. S. Kochar. An empirical investigation of rationing constraints in rural credit markets in India. Journal of Development Economics, 1997, 53: 339 – 371.

158. Saith A, Tankha A.. Economic decision-making of the poor peasant household. Economic and Political Weekly, 1972, 7 (5 – 7): 351 – 360.

159. Schultz T W. Transforming traditional agriculture. Yale University Press, 1964.

160. Sendhil Mullainathan & Bichard Thaler. Behavioral Economics Working Paper, 2000: 1 – 27.

161. Shahidur R. Khandker, Rashid R. Faruqee. The impact of farm credit in Pakistan. Agricultural Economics, 2002, 28: 197 – 213.

162. Shaw, E. Financial Deepening in Economic Development. Oxford University, 1973.

163. Simon. H. A. A Behavioral model of rational choice. Quarterly Journal of Economics, 1955, 69: 99 – 118.

164. Stieglitz JE, Weiss A. Credit rationing in markets with imperfect information. The American Economic Review, 1981: 393 – 410.

165. Stiglitz J E. Peer monitoring and credit markets. World Bank Economic Review, 1990, 4 (3): 351 – 66.

166. Timothy Besley. How Do Market Failures Justify Interveniions in Rural Credit Markets World Bank Research Observer, 1994, 9 (1): 27 – 48.

167. Udry C. Risk and insurance in a rural credit market: An empirical investigation in Northern Nigeria. Review of Economic Studies, 1994, 61 (3): 495 – 526.

168. Wenner M, Arias D. Agricultural insurance in Latin America: Where are we. The International Conference: Paving the Way Forward for Rural Finance. Washington. DC, USA, 2003, June 2 – 4.

169. Wolgin J M. Resource allocation and risk: a case study of smallholder agriculture in Kenya. American Journal of Agricultural Economics, 1975, 57 (5): 622 – 630.

170. Zeller, M. Determinants of credit rationing: A study of informal lenders and formal credit groups in Madagascar. World Development, Elsevier, 1994, 22 (12): 1895 – 1907.

致 谢

"不悔梦归处，只恨太匆匆"。当我在文末的写作中写下这段话，才真正意识到充满艰辛而又不失开心和愉快的博士生活即将结束，此时回首这些年来的研究生活，瞬间各种思绪、各种片段、各种画面涌上心头，百感交集，难以平抑。这其中，有困惑、有绝望、有彷徨、有苦想、有感动、有狂喜……但在此刻，我最想表达的还是无限的感激之情。

本书是在我的博士学位论文基础上修改出版的。感谢西安财经学院经济学院和科研处的相关领导和同事对我的无私帮助，才使得这本拙作能够顺利出版。

感谢我的博士生导师孔荣教授，有幸成为孔老师的博士生是我最为荣幸的事情之一。孔老师治学严谨，在辅导我写作的过程中对待每一个问题都能进行详细细致的讲解，让我如沐春风、醍醐灌顶。同时，孔老师的温文尔雅、坦荡豁达，以及她对我的言传身教、悉心指导，都是我一生中不可多得的财富。从她身上不仅能学到专业知识，更能领悟和体会到许多做人的道理。在我著作的选题、逻辑架构的安排、资料的查阅、实地的调研、图书的写作、修改过程中，孔老师耗费大量精力，倾注巨大心血，为我在茫茫学海中指明方向、鼓励我坚定前行。

在这三年的学习生活中，还应感谢霍学喜教授、赵敏娟教授、郑少锋教授、朱玉春教授、刘天军教授、陆迁教授、李世平教授、姚顺波教授、孟全省教授等经管学院其他各位老师给予我的无私帮助。三年中，这些老师对我关爱有加，时常为我操心。在我文章撰写、实地调研、模型构建等环节中，他们的无价知识、真知灼见和宝贵建议对我著作的完善起到了极大作用。同时，感谢经管学院的白晓红老师、王军智老师、王家武老师、张静老师、朱敏老师等，正是因为他（她）们辛勤、高效的工作，使我学习的各个阶段得以顺利开展。

博士阶段的学习除了收获了知识外，还获得了同学的真挚友谊，尤其是在遇到困难、迷茫时，正是同学的帮助和交流，才得以鼓起勇气继续前行。他们是王静博士、孙佳佳博士、胡炜童博士、侯建昀博士、张学会博士、古南正浩博士、刘红瑞博士、刘璞博士、付榕博士、党晶晶博士、田杰博士、王蕾博士、任燕妮博士、王波博士等。他们中很多已经在各大高校任教，走向了工作岗位，很多已经成为青年教师骨干，在学时对我的帮助在此一并感谢。同时，感谢王欣博士、何学松博士、师弟任劼博士、陈波硕士、杨国力硕士、张虎硕士、于淼硕士、赵冠楠硕士、李永超硕士、周显军硕士、苏岚岚硕士以及师妹彭艳玲博士、戴薇博士、古晓硕士、马永杰硕士、蒋红硕士、梁珏硕士、刘斐硕士、孙方玉硕士、韦菲萍硕士、冯梦涵硕士、谭梅云硕士等，感谢他（她）们三年中陪伴我共同度过的快乐时光，以及在七八月份酷暑、雨天的调研过程中不辞辛苦的大力支持与配合。

感谢在调研过程中积极配合的我的各位调研对象，虽然他们绝大部分知识文化水平不高，看到这篇致谢的可能性很低，但对于他们对调研工作的大力支持与配合还是表示由衷的感谢。正是有了他们的帮助，才获得了大量翔实的资料和数据支撑我的著作。

要特别感谢我的父母，在我求学的这几年里，他们承担了几乎全部的家务，并且时常承受着巨大的心理压力。我在本该回报父母的年纪，却仍然让他们为我日夜操心，时常牵挂，三年当中，爸爸明显老了很多，两鬓斑白，腰也驼了。妈妈的失眠问题日益严重，每当想起这些，内心尤为痛苦。让我用以后成绩报答他们吧。

"人世几回伤往事，桃花依旧笑春风。"这两句唐诗混搭，我一直很喜欢。既回顾了以往，也对未来的生活进行了乐观的预期。三年博士生活是我最重要的财富之一，还记得刚入门时，孔老师对我博士生活的态度提出的要求：Be Happy，Be Healthy。三年来，这样的生活态度，没有得以很好的"贯彻"，远没有达到老师对我的"要求"。希望在以后的生活中，时刻谨记老师的要求：Be Happy，Be Healthy。

感谢刘茜子同学和张亮亮同学为本书所做出的校对工作。感谢韩艺忻女士对本书出版过程中给予的支持。

作者

2018 年 2 月